共働きだからできる中学受験必勝法！

西村則康

あさ出版

はじめに

最初にお伝えしたいことがあります。

中学受験は、やりようによっては親の負担がとても大きいです。

「共働きでは無理、子どもに中学受験・合格をさせたいなら仕事を諦めなければ」

そんな話を聞いたことがある人もいるかもしれません。

お父さんかお母さんが子どもの横にみっちりついて伴走しなければならないから、と。

ここ最近、私のところにもこうしたご相談が多く寄せられます。

しかし、これは間違いです。

親が子どもの勉強に密着してフォローしなければ合格できない、なんてことはありません。

実際、共働き、それも親御さんがかなり忙しく、子どもとの時間をなかなか取れないご家庭であっても、立派に合格を勝ち取った方はたくさんいらっしゃいます。

希望する中学校に確実に合格するコツは、戦い方を知っているか否かだからです。

本文に入る前に知っておいてほしいことが二つあります。

一つは、ご自身の受験経験は忘れていただくことです。

みなさんの中には、中学受験を経験した方もいらっしゃるでしょう。

その時のことは、すべて忘れてください。

みなさんが中学受験した20～30年前と現在では、中学受験の様相は大きく変わっています。いちばんの違いは問題のレベルです。20年前は超難問とされていたものが現在では標準レベルとされ、大人でも太刀打ちできない問題があったり、解き方が変わったりしています。


つまり、過去の経験は使えないのです。

もう一つは、受験を意識したその瞬間から対策を始めることです。

共働きだと、必然的に子どもと一緒にいる時間が限られてしまいます。だからこそ、少しでも早く準備に入り、行きたい学校が決まった時に様々な対応が可能な状態にしておくのです（シングルマザー・シングルファーザーなどひとり親のご家庭も同様です）。

「中学受験することを決めてからでいいのではないか」と思うかもしれませんが、勉強のやり方や問題を解く時の考え方などはもちろん、忙しいスケジュールを制する計画の立て方、目標に向けて自分を律する自己管理、学ぶことを面白いと思う気持ちなど、その後の学力向上、ひいては人間がよりよい知的生活を送るために大事なことなど、中学受験のために努力した経験は、必ず子どもの人生にプラスになります。

少しでも中学受験をする可能性があるなら、数年先を意識した勉強法に切り替えましょう。

ただし、親としてできることはできるだけやってあげたほうがいいとはいえ、できないことまで無理をしてやる必要はありません。

大切なのは、何のために受験させるのか、将来どうなってほしいのか、しっかりとしたビジョンをイメージし、わが子の人生にしっかり付き合っていく覚悟を決めること。

中学受験は、高校受験に大学受験、さらにその先の将来、子どもが自律した大人に育つための「準備」ができることに大きな価値があります。そして、長い人生のうちのほんの通過点です。

そのことを踏まえたうえで子どもを強く信頼して、志望校や受験勉強のスタイルを考えていく、それが合格への第一歩です。

本書では、共働きの親御さんからよく相談を受けること、勘違いされていることを中心に受験を制す「共働き家庭の中学受験の戦い方」をお伝えしていきます。

また、共働き家庭だからこその受験スケジュールの立て方、塾、家庭教師の選び方、付き合い方など、具体的なこともお話ししていますので、ご参考になるはずです。

どんどんご活用ください。

共働き家庭がこれだけ増えているのに、共働き家庭の中学受験対策に特化した書籍、情報はなかなかありません。

本書がみなさんのお子さんが希望する中学校合格のお役に立つことができたら幸いです。

西村則康

2018年6月

第1章 共働き家庭の中学受験は親の〝覚悟〟が大事

第4章

共働きだからこその塾、家庭教師の選び方、付き合い方

第5章

試験に強い頭をつくるために親が子どもにしてあげられること

第6章

難関校合格を確実にする 共働き家庭流 タイムスケジュールのつくり方

第7章

共働き家庭流 子どもに合った中学校の選び方、見極め方

第1章

共働き家庭の中学受験は親の〝覚悟〟が大事

1

共働き家庭が中学受験を目指す場合、何をすればいいですか？

✓勉強に必要な基礎力を高めておくことが大切

共働き家庭は親が直接フォローできる時間が（専業主婦・主夫家庭に比べると）限られます。

少しでも中学受験の可能性があるならば、いざ本格的な受験勉強が始まった時、なかなか十分な時間が取れない可能性があることを前提に、余裕を持って準備を始めましょう。

まず、幼児期から読み聞かせや自分で本を読ませて語彙力をつける、積み木や折り紙、砂場など身体を使った遊びで身体感覚を鍛える、普段の会話は単語だけでなく文章で行い、将来の学力の土台となる非認知能力を伸ばしておくことが大切です（詳細は158ページ）。

中学受験する、しないにかかわらず、身体感覚、非認知能力は高校受験、大学受験など、将来の役に立ちます。

また、一人で静かに勉強する習慣をつけておきましょう。

目安は「学年×10分×科目数」。

1年生なら国語と算数を10分ずつ、2年生は20分ずつ、3年生で30分ずつ。学校の宿題をするのでも構いません。

勉強癖がついていると受験勉強も苦労なく取り組むことができます。

✔上手に役割分担をする

親が何から何までやってあげなければいけないと考えないでください。親ができることとできないこと、他人の力を借りてはじめてできることがあります。

たとえば、子どもに合った塾を選ぶ、追い込み時期は塾だけでなく個別指導塾や家庭教師をつける、普段の学習では祖父母に協力をお願いする、など。

共働きで忙しいからこそ、上手に役割分担していきましょう（第2章参照）。

子どもに適した環境を整えることが、中学受験合格をかなえるために親がしてあげられることなのです。

2

中学受験の情報はどこから得たらいいのですか？

☑口コミ情報はあてにならない

受験生を抱える親御さんにとって、ママ友ネットワークは心強い存在でしょう。

「この問題集をやったら、成績が上がったんだって」

「○○中学を受けるなら、あの塾がいいよ」

など、具体的な情報を得られるでしょうが、基本的に〝ママ友情報はあてにならない〟と思ってください。

「この問題集で成績が上がった」のは、あくまでその子だけのこと。ほかの子に同じ効果があるかわかりません。塾だって同じです。○○中学の合格率が高い塾であったとしても、子どもとの相性がよくなければ合格は難しいでしょう。

中学受験の掲示板なども最近賑わっていますが、そのすべてを信用するのは危険です。

私もサイト（中学受験情報局『かしこい塾の使い方』https://www.e-juken.jp）で情報を発信していますが、正確でしかも読者のみなさん全員に役立つ情報を発信し続ける難しさを日々感じています。

また、残念ながら、真面目に情報発信することよりもお金儲けにつなげるためのサイトづくりをしているところも少なくありません。

口コミ情報はあてにならないことを知っておきましょう。

✓塾の先生の言葉を鵜呑みにしない

情報収集は、いちばん身近で受験に詳しい塾の先生から始めてください。

ただし、勉強の仕方に関しては、塾の先生の言うことが常にベストとは限りません。

たとえば「塾の宿題をすべてやりなさい」と塾の先生に言われたとします。しかし、全部をやろうとすると、時間が膨大にかかり、睡眠を削らなくてはならなくなります。

本来であれば、優先順位をつけて取捨選択すべきなのですが、塾の先生の立場では「取捨選択しろ」と言うわけにはいきません。塾にとって不利益なことも口にはできないでしょう（ビジネスパーソンとしては当然です）。

共働きで忙しくても、たまには塾に子どものお迎えに行き、先生と立ち話をし、顔を合わせる頻度を上げておきましょう。

長時間の立ち話は迷惑になるので、普段は挨拶程度で十分です。

少しずつとはいえ、繰り返し顔を合わせ、言葉を交わすことで関係性をつくっておけば、「うちの子、近頃、時間がうまく取れなくて、宿題が全部こなせないんです。子どもなりに必要だと思うものをやらせていますので、もし宿題の一部をやっていなかったとしてもご勘弁ください」などといった話ができるようになります。

塾によっては、宿題の調整などを快く思わず、子どもを叱るところもあります。いきなり「やってこなかったのか」と怒鳴りつけられたら、子どもが塾に行くことを嫌になってしまう危険性があります。

先生とお母さんとのコミュニケーションが密にとれていれば、こうしたことは起こりにくいでしょう。

ちなみに宿題は、学年によって塾の先生の言葉をどこまで聞くべきかが違ってきます。

4年生までは、基本的に宿題は全部やるべきです。4年生の学習はまだ基本の段階ですから自己流の判断で減らすことはオススメできません。計画に基づいた勉強をするための時間の使い方の練習期間と捉え、全部やらせてください。

5年生になると算数、特に割合と比、速さが始まると急に難しくなるため、しなくてはならない勉強とそうでないものが出てきます。早い子では5年生の2学期あたり、6年生になったらほとんどの子にとって取捨選択が必要になります。

自分にとって必要な勉強は何かを判断する方法としてオススメしているのが「○△×《マルサンカクバツ》学習法」です。

授業中に習った小問ごとに「同じ問題が出たら正解できる?」と自分に問いかけ「絶対大丈夫」なら○、ちょっと心配なら△、まったく自信がなければ×をつけておきます。

家に帰ったら△をつけた問題、もしくはその類似問題だけに取り組みます。さらに余裕があったら○の問題に取りかかってください。×のついた問題はやるだけムダです。塾の先生の説明で理解できなかったものを自力で頑張っても解けるはずがありません。

△をつけた問題をしっかりやることで、確実に解けるようにしていきましょう。

まずはすべきことをやり、それ以外は残された時間に応じて自分で調整していく。そういう時間の使い方の上手な子にしていくのが親御さんの役割です。

3

中学受験の賢い取り組み方はありますか?

✓きちんと計画を立てて勉強に取り組む

中学受験はきちんと計画を立て、正しい受験勉強法で取り組むことが大切です(スケジュールの詳しい立て方については第6章参照)。

お母さんの言うとおりに勉強し、塾の先生に言われるがまま宿題を全部やるなど、自分なりの工夫をすることなく、知識の詰め込みだけで終始するだけでは将来にプラスになりません。

正しい受験勉強法とは、問題に対して「なぜ」「だったらどうなる」というつながりを考えること。

「○△×学習法」(19ページ)を最大限に利用し、自分に必要なものが何かを自分でピックアップし、集中して取り組む。そうすることによって塾のテストの点数が上がる、というように、やったことと結果の相関関係を理解できるようにするのです。

自分で判断してプランニングし、自分の意志で行動するといったこれからの時代に必要なスキルを育てる訓練にもなります。

✔学期のはじめにカリキュラムを親子で熟読する

自分に合った計画を立てるために、学期のはじめに、塾の予定表とカリキュラムをしっかり親子で見ておきましょう。

まずテストの予定です。

いつテストがあるか、そのテストはどういうテストか、このテストで成績が悪いとクラスが下がるのか、クラス分けには関係のないただの学力確認テストなのか。そして、大きなテストのための勉強時間がいつ取れるのか。

次に、オプション講座の予定をチェックします。

いつ開催されるのか、参加する必要があるのかないのか、弱点対策として活用できるかどうかなどを見ておきます。

さらにどの時期が大変になるのかも知っておきましょう。学校の予定と照会し、「この時期は運動会で疲れ切っているだろうから勉強量を少なくしてあげないといけない。どの時期にその分を補完しようか」というところまで考えなければいけません。

専業主婦（夫）家庭ならば、お母さんが一つひとつ指示できますが、共働き家庭にはそんな時間的余裕はありません。

4年生の時期から子どもと一緒に予定を見ておき、5年生あたりからは、ちょっとずつ「この時期にこういうことをやるよ」と自分で言えるようにしていくといいですね。すると6年生の頃には自分なりに「過去問はこのぐらいから始めて……」なんて言い始めてくれます。

☑子どものサインに気づいてあげて

中学受験の際、親が子どもに頑張らせすぎてしまう、または、よくない頑張り方をさせてしまうことがあります。

あまりに頑張らせすぎて、ストレスが身体に出てしまう子もいます。円形脱毛症になってしまった女の子、胃潰瘍になってしまった男の子など、これまで頻繁に見てきました。

元気がない、よく反抗するようになった、口答えがひどくなったなど、頑張りすぎて余裕がなくなってくると子どもの行動に必ず変化があります。

無理をしすぎているサインに一刻も早く気づいてあげるように心がけてください。

✔特にいけないのは睡眠時間を削ること

睡眠時間が短すぎる受験生は少なくありません。

平均的に必要とされる睡眠時間は6年生で9時間ぐらいと言われていますが、人によって最適な睡眠時間は違います。4年生で6時間の睡眠時間でも元気いっぱいの子もいれば、6年生で9時間の睡眠時間でも足りない子もいます。

各人に必要な睡眠時間は体内時計と密接な関係があり、その体内時計は遺伝に大きく関わっているそうです。

睡眠時間が6時間で元気だった6年生の男の子のお父さんは、高校生以降、今まで1日4時間以上寝たことがないとおっしゃっていました。

睡眠が足りないと心身の発達も心配になりますし、多量の学習をしているのに成績が下がります。解けるはずの問題が解けなくなったり、昼間眠そうにしていたりしたら睡眠時間不足を疑ってください。

4年生で、毎日11時過ぎまで勉強し、土日もやはり勉強しているような子は、必ず途中で成績はガタガタに下がっていきます。学習量は5年生になれば4年生の1・5倍。6年生になれば5年生の1・5～2倍です。4年生からすでに睡眠時間を切り詰めなければいけないほど余裕のない時間の使い方をしていると、確実に5、6年生では勉強が回らなくなるでしょう。

共働きだと、親子の時間が夜しかないので、どうしても生活全体が夜型にシフトしてしまう傾向があります。

「朝起きて学校に行くまでに計算練習と漢字練習ぐらいはやりましょう」と朝学習をしている家庭も見受けられますが、夜も遅く、朝も早くでは睡眠不足になってしまいます。朝学習を推奨されていたとしても、「夜にやっちゃおうね」としてもいいのです。

毎日やること自体が大切なのであって、時間は朝でも夜でもかまわないのです。

生活スタイルに合わせて、時間配分をうまく行い、睡眠時間を確保するようにしましょう。

4

子どもが高学年なのですが、今からでも間に合いますか？

✓教科書の内容がきちんと理解できているか

中学受験は、小学校の授業で習う内容に比べて問題がハイレベルなうえに、スピードも要求されます。

子どもの希望校の過去問題を見て、その難しさにびっくりした、という親御さんの声を、これまで何度も聞いてきました。

それでも、基本は小学校の勉強です。

そのため、高学年から中学受験を目指す場合、学校のテストが、だいたい満点に近いことが合格のための最初の関門です。

成績上位であれば、遅れている分を取り戻す対策を取れば、合格を手にすることも可能でしょう。

塾は学校の勉強を完璧に理解していることを前提に進んでいきます。

中学受験を目指す塾の授業はスピードが速いうえに、難しい問題に次から次へと挑戦させ、宿題量も豊富です。そんな状況に置くことで、子どもが勉強嫌いになってしまっては意味がありません。

塾に通い始める前に、塾の授業についていける最低限の基礎力も必要です。

具体的には、漢字、計算は公立の小学校カリキュラムでの1学年上までの部分をマスターしておくことです。

☑高学年からスタートする場合は長期計画で考えることも必要

小学校の成績がよくない、つまり、成績が普通（真ん中）、もしくは下のほうの場合は、お子さんの今の成績をしっかり受け入れ、無理に中学受験をしようとせず、高校受験に目標を設定し、小学生のうちに基礎学力だけはきちんとつける方針に変更しましょう。

中学受験の準備が間に合わないのであれば、高校受験に向けてしっかり準備をしていけばよいのです。

もしくは、受験勉強をしてほどほどの中学に行き、大学受験で望むレベルのところに合格することを目指すのも一つです。

届かないレベルの学校を目標にして過剰な学習をさせるのは、子どもの脳や気持ちを壊してしまいます。

中学受験の結果だけがその子の一生を決めるわけではありません。

大事なのは、人生において、必要な時に幅広い選択肢の中から適切な選択ができる状態にしておくこと。

高学年からの中学受験は、現実と冷静に向き合い、無理をしすぎず、長期的視野で考えることも忘れないでください。

5

中学受験には、いくらぐらいかかりますか?

✓中学受験にはお金がかかる

はっきり言って中学受験にはお金がかかります。

まず、受験自体にも費用がかかります。

実際の受験する数より多めに願書を出しておくのがセオリーなので、多い場合は10校ぐらい申し込みます。1校あたりの受験料が2~3万円ですから、金銭的にかなりの負担です。

また、共働きの場合、子どもに関わる時間が少ない分、プロに任せたほうがよいことも多いです。

塾に通うにも授業料や学力テスト等の受験料が必要です。

進学塾の授業料は、4年生の1年間で50~60万円、5年生で80万円ぐらい、6年生ともなると約１００万円がかかります。さらにオプション講座が入ってくると、その分授業料がプラスになります（オプション講座の内容や特徴については１０４ページ）。

家庭教師や個別教師をつけると、さらにお金がかかります。

中学受験の家庭教師は、それを専門としているプロ、それも優秀な人をつけないと効果がありません。いくら高学歴でも大学生では無理ですし、中高生をメインに教えながら片手間に小学生を教えている家庭教師では対策が不十分であったりするため、なかなかうまくいきません。

優秀な家庭教師は人気があるうえに、授業料も高いです。**私がオススメするのは、一時間あたり1万円以上の先生です。**１万円以上の先生ならば、家庭教師だけの収入で生活していける本当のプロだと判断できます。

基本は塾で、苦手な教科、弱点補強など、塾ではどうしても補完できないところだけは家庭教師にお願いするというように、子どもの状況をきちんと把握し、上手に使い分ければ余計な出費は抑えられます。

☑教育費はトータルで大学まで考える

私立中学に通うことになると、初年度は入学金、授業料、制服代がかかります。学校によって差はありますが、安い学校でも授業料だけで年間40〜50万円、高いところだと年間70万円ほどかかります。プラスして交通費などもあります。月額にすると4〜6万円くらい見ておきましょう。さらに寄付金、施設維持費用など、予想外のお金がかかることもあります。これが中学・高校と6年間続きます。大学受験の際は、受験料や入学金がかかります。

子どもの教育とお金は切っても切れない関係です。

昨今、偏差値の高い学校ほど両親の収入も高いという調査結果が出ているのも納得でしょう。資金が理由で、せっかく合格した学校を途中で退学、転校させる事態に陥るご家庭も時折あります。

中学・高校で教育費の予算を使い果たしてしまい、大学進学にあたっては学資ローンや奨学金を借りるご家庭もあります。毎月数万円であっても4年間で数百万円。そんな多額の借金を子どもに背負わせるより、中学受験を諦め、大学進学の費用に回す選択もあります。

ご家庭の収支予測をしっかりと行ったうえで、金銭面で後悔することのないよう、教育費については、夫婦でよく話し合っておくことをオススメします。

第2章

〝親の役割〟を理解し、全うすることから始まる

1

中学受験にあたって親としてどう接すればいいですか？

☑夫婦の意見を一致させておく

子どもの成績を上げるには、夫婦の意見が一致していることが何より大切です。

意見が合わず子どもの前で言い争いが絶えないような家庭の子どもは、勉強どころではなく、長時間机に向かっていたとしても集中できず、成績がどんどん落ちてしまいます。くれぐれも子どもの前では言い争いはしないでください。

あるご家庭では、お母さんは中学受験に熱心だったのですが、お父さんがそれほどでもなく、ことあるごとに「だから、受験勉強なんかさせなくていいって言ったのに！」と口にしていたところ、お子さんの成績が急降下してしまいました。

お母さんに相談を受けた私は、ご夫妻と3人で話をしました。お父さんは中学受験に賛同こそしませんでしたが、反対はしないと約束してくださり、それ以降、お子さんは順調に成績を伸ばすことができました。

完全一致は難しいでしょうが、少なくとも受験の目的と目標は共有しておきましょう。

✔子どもに対する温かい上司になる

子どもの勉強に関わる時は、理想の上司と部下の関係性をイメージしてください。

「君は○○だから△△しろ」「〜すべきだ」などと頭ごなしに命令口調で話す上司より「君が△△すれば〜のようなうまい企画が出ると思うんだが」「君だったらできると私は思っているんだよ」など、励まし、導く上司の下にいるほうが部下のモチベーションが高まり、成長するように、子どもも親の励まし、導きによってモチベーションも成長度合いも高まります。「あなたにはこの教科が向いていそうね」「あなたならこの問題を解けそうね」などと、子どもを導くための話をしてあげましょう。

また、専業主婦・夫の家庭であれば、母親が子どもと一緒にいる時間が長いので、修正したり、細かなフォローをしたりするチャンスが何度もありますが、共働き家庭の場合は、親子の時間がなかなか取れません。

細かな話をするのではなく、俯瞰《ふかん》して子どもを見て、モチベーションを上げるような言葉がけをしましょう。

✔お父さんとお母さんで役割をきっちり分ける

最も大切なのが、夫婦で役割をきっちり分担することです（詳細は次項目以降参照）。

直接子どもとやりとりするのは原則、お母さんにしてください。一緒にいる時間が短いとしても子どもに寄り添いやすいのはお母さんだからです。

お父さんは、普段はお母さんのフォロー役に回ってください。「毎日大変だね。感謝しているよ」という具合に、日々、お母さんをねぎらい、お母さんが万全な状態でお子さんと向き合えるように支えてあげるのです。

ただし、目に余ることがあった場合、たとえば叱らなくてはならないことがあった時は、お父さんの出番です。しっかり叱ってください。

夫婦が連携して役割分担して接することで、子どもは「お父さんとお母さん、どっちの言うことを聞けばいいのだろう」などと迷わずにすみ、受験勉強に集中できます。効率的に進むでしょう。

2

母親はどんなことをすればいいですか？

☑子どもの気持ちに寄り添う

お母さんはお子さんにとって最大かつ最強の味方。どんな時でも「あなただったら大丈夫」と言い続けましょう。

子どもの気持ちに寄り添う、これが大原則です。

ところが「子どもにとって必要なことは、できる限りやってあげたい」という強い気持ちから、つい「あなたはこうすべきだ」など、口を出しすぎてしまうお母さんが多いようです。

仕事から帰るなり、「宿題、まだ終わっていないの？」と声をかけ、「早くやりなさい」「ちゃんとやんなさい」など、口を開けば勉強のことばかりでは、子どものやる気は育ちません。

共働きで、ただでさえ親子で接する時間が短いのですから、まずは何より、いつでも子どもの気持ちに寄り添っていることをきちんと伝えましょう。

「お母さん、仕事が忙しくてあなたと一緒にいる時間が少ないけれど、でも、いつでもあなたのことを思っているから、なんでも話してね」

などと声に出して伝えるだけで、子どもは安心して、心穏やかにいることができます。

✔「お母さん」が主語のIメッセージを多く使う

お子さんと話す時は、「あなたはこうすべき」などといった「YOU」で始まるYOUメッセージはなるべく使わないよう心がけてください。

「お母さんはこう感じた」など、「お母さん」を主語にしたIメッセージを使いましょう。

日本語は主語を省く習慣がありますが、必ず「お母さん」という主語を入れて話すのです。

「〜してくれたら、お母さんはうれしい」「〜だと、お母さんは悲しい」など、しつこくなってもかまいません。あえて「お母さん」を口にすることで、子どももあなた自身も親子のつながりを感じます。

一緒にいる時間が少ないからこそ、気持ちが伝わるコミュニケーションを行いましょう。

✔スケジューリングのサポートをする

もう一つ、お母さんには大きな役割があります。

共働き家庭における中学受験は、スケジュールに沿って正しい受験勉強をすることが大切だと、最初にお話ししました。

とはいっても、スケジュール管理、修正を子どもだけでするのは難しいものです。慣れるまでは、お母さんの手伝いが必要です。

だからといって、「○時までに△△をやって、そのあと○時までに××を終わらせないと間に合わないでしょ！」などと率先してやってしまうと、子どもはいつまでたっても自律した行動を学ぶことができません。

いずれは自分でスケジュール管理ができるよう導くのがお母さんの役割です。

「今日の宿題なんだったの？　わぁ大変ね」と状況の確認をし、「お母さんだったらこういう風に自分で計画するけど、あなただったらどうする？」と問いかけ、できるだけ手を出さず、自分で考えさせるようにしてください（詳細は１０１ページ）。

✓振り返りのフォローをする

子どもが塾に通い出すと、塾の授業の復習が必要になります。

短時間でいちばん効果が出る復習法は、「お母さんに教えて」と子どもを先生にして、お母さんが生徒になる家庭内ミニ授業です。

授業ですから、当然「そうじゃなくてこうでしょ！」など、ダメ出しは禁止です。子どもの説明が上手でない場合は、「お母さんには、そこらへんがちょっと難しいな。もうちょっと詳しく教えてくれる？」など、質問で伝えましょう。あくまでお母さんは生徒。知らない振りを徹底してください。

ミニ授業は、ほんの短い時間でもかまいません。

算数なら2～3問、国語なら設問一つで十分です。でもそれが1年間も蓄積すると圧倒的な差になります。

塾ではたくさんのテキストや小冊子類が配布されるため、その整理に頭を悩ませるお母さんも多いようですが、テキスト類の整理は、そんなにこだわる必要はありません。わざわざ過去のテキスト類を取り出して振り返り学習する余裕など、普通はないからです。ただ、いざという時がないとは言い切れませんので、その時のために、封筒に入れるなどして（入れなくても問題ありません）、段ボール箱に時系列で並べておけばスッキリしますし、探す時もある程度目途がつくため、困りません。
かなりの余裕があれば教科ごとに分けるのもいいですが、全教科を一緒くたに時系列で並べるだけでもかまいません。

共働きは、1分1秒が大切です。
ほかの大事なことに時間を回しましょう。

3 父親は子どもの受験にどう関わったらいいですか？

✓ いざという時に登場する

普段は冷静な観察者、そしていざという時は頼りになる存在、これが父親の理想的な立ち位置です。

普段は子どもに直接関わることはせず、お母さんのねぎらい役に徹しましょう（父親がメインで中学受験に関わることもありますが、その場合には次項の「叱り方」について熟読し、どうか自制心を持ってあたってください）。

そして、問題が起きた時はしっかり対応してください。

たとえば、子どもがスランプになって、点数をごまかしたり、カンニングをしたりといった許されないことをやってしまった、母親に「うるせ～、クソババア！」といったひどい言葉を投げつけたなどの非常時は、いよいよお父さんの出番です。ちゃんと叱って、同じような間違いをしないよう導いてあげてください。

子どもを叱る場合は、短くはっきりと言うのがコツです（44ページ参照）。長々とした説教ではなく、簡潔に強く話しかけてください。

✔自分自慢は絶対にしないこと

ここで一つ、お父さんにお願いがあります。

それは、「自分自慢をしない」ことです。

「オレは塾に行かずに自力で問題集を2回繰り返し解いて麻布に合格したんだ。お前は塾に行っているんだから、ラクラクと合格しなくちゃな」

これは、実際にお会いしたお医者さんをされているお父さんの口癖です。

「お父さんにできたんだから、お前にもできるはずだ」と励ますつもりであっても、子どもからすれば「お父さんと僕は違う」と感じ、ひいては「そんなことを聞かされるからやる気がなくなる」と考えるようになってしまいます。

特に男の子とお父さんとの関係は、注意が必要です。

というのも、同性なのでどうしても自分の小さい頃と比べてしまい、子どもがちょっとでもできないと、「俺が小さい頃は簡単にできていたのに」とすぐに腹を立て、「子どもはこうあるべき」と、つい自分の経験を押しつけてしまうからです。

子どもからすると、たまったものではありません。せっかく頑張っていても、口出しされたら、モチベーションも下がってしまいます。

息子とはいえ、まったく違う人間です。得意なことも苦手なことも違います。

また大人の記憶は、それ以降の経験によって上塗りされ、事実でないことが多々あるものです。注意してください。

✔休日に豊かな生活体験を演出する

休みの日はお父さんの出番がいっぱいあります。

直接勉強に関わるというよりは、子どもとのコミュニケーションを深め、体験をさせながら、様々な感覚を育てていく役割です。

お父さんの趣味に子どもを巻き込むのが、ストレスが少なく、子どもにとっても面白い体験になります。

たとえば日曜大工が趣味なら、父子で一緒に棚を作る。一見、受験とは何も関係なさそうですが「ここところを垂直にしよう」「ここに棒を渡すには、どのぐらいの長さになるかな?」など、一つひとつの動作や会話に、中学受験の図形問題や文章題の線分図の解き方のヒントが盛り込まれています。

写真が好きなら、子どもと一緒にカメラを持って写真を撮りに行く、畑仕事が好きだったら一緒に作業をさせる、どれも生きた学習の宝庫です。

男の子は特に、お父さんと日曜日にサッカーやキャッチボールをするのが好きです。あれはボールを通しての一種のコミュニケーションです。子から父への信頼感、父から子への愛情も深まります。

貴重な休日ですが、ゴロゴロ寝て過ごさず、父親業に精を出してください。

休日も子どもと付き合う時間が取れない多忙なお父さんは、夜や早朝でもかまいません。天気がいい夜、子どもを車に乗せて明かりの少ないところに行って星を眺めたり、早朝、特に春先、木々が芽吹く頃に散歩すると非常に多くの発見があります。

そういった時間が子どもの内面を豊かにしながら、普段は不足しがちなコミュニケーションを補い、より父子のつながりを強くします。

4

子どもの心に響く、うまい叱り方はありますか？

✓お父さんが怒るほうが子どもにストレスがかかる

お父さんが登場すべき〝いざという時〟には、子どもを叱る時も含まれます。

お母さんが叱るのと、お父さんが叱るのとでは、子どもに与える影響は大きく違います。

女の子の場合、お母さんに怒られたとしても、なんとなくお母さんの心情がわかるため、拗《す》ねてはみせるものの、わだかまりはそう長くは続きません。

男の子はお母さんが怒り出すと「黙ってとりあえずその場をやり過ごそう」とします。どちらにしてもあまり傷つかないうえに、さほど響きません（自分の言葉が子どもに響いていないことがわかるので、より長々と説教を続けてしまうことになるのですが）。

ところが、お父さんが叱る場合は違います。

普段あまり接していない分、言葉の重みが違います。

だからこそ、お父さんは論理的に簡潔に叱ってあげてほしいのです。

ただそうするには、自制心が必要です。「叱ってもいいが、怒っちゃダメ！」と自分に言い聞かせる心の余裕を持ちましょう。怒るだけでは、子どもは成長しないからです。

もし腹が立って堪忍袋の緒が切れそうになったら、「6秒ルール」を使いましょう。怒鳴ってしまいそうになったらまず、頭の中で「1、2、3、4……」と6まで数えます。

たった6秒、されど6秒で効果大。感情のトゲトゲがちょっと引いて「この子も大変だよな」とか「この子なりに悩みがあるんだよ」と感じ、子どもを怒鳴りつけずにすみます。

6秒では落ち着けなかったら、その場から移動しましょう。

たまに見られるのが、「どういう口答えをしてきても、論破してやろう」などと、お父さんが攻撃的になるパターンです。

たとえば算数で悪い点を取ってきたとします。この時、「計算練習が足りなかった」と子どもが言えば「だからいつも計算練習ちゃんとやれと言っているだろう」と返し、「ちょっとテストであせってしまった」など、別の答えをしても「そんな言い訳するな」と言う。

まさにダブルバインド（メッセージとメタメッセージが矛盾するコミュニケーション状況に置かれること）状態です。子どもはどう答えても叱られてしまう。これはものすごく子どもの心を傷つけます。

ダブルバインドの質問をするほうは「どういう口答えをしてきても、論破してやろう」と思っているし、子どもも「どう答えても叱られる」と思っています。何を言ってもダメだと、黙り込むしかありません。それが続けば、ダブルバインドの質問をする相手に対して、嫌悪感だけが高まってしまいます。

✔イクメンの落とし穴

ライフスタイルの変化によって、イクメンが増えています。

一見、子どもと上手に付き合うことができているように思えるイクメンですが、子どもの成長とともにひずみが生じてしまうことがあります。

子どもが成長し、他人との比較ができる年齢になってくると、「うちの子がほかの子に負けるわけがない」「勝たなきゃ！」と戦闘モードに変わってしまうのです。

そしてできないわが子にイライラして「なんでこんなもんができねぇんだ！」などと怒

鳴ってしまいます。

手塩にかけて育てたわが子だからこそ、期待も想いも強く、求めるレベルが高くなるのはわかるのですが、相手はまだ子どもです。自制心が試されます。

子どもの成長曲線は身体の変化も、頭脳の変化も個人差が非常に大きく、早熟型、大器晩成型など、いろいろな型があります。そのことをまず知っておいてください。

そして「今できることをできる限りやってあげ続けよう」と日々決心してください。

時間的に、金銭的に、無理なことはするべきではありません。今のわが子に対してできることを冷静に見つけ出しましょう。それができるのは、論理的思考に慣れているはずのイクメンパパの役割です。

また、「叱る」と「懲《こ》らしめる」は違います。

ごくたまに「勉強しないから成績が下がってきた。なので、一度家庭教師を辞めます。これでさらに下がれば、懲りて勉強を始めるでしょう」という方がいらっしゃいますが「親に懲らしめられたので反省して頑張る」なんて子は、過去一人もいませんでした。

子どもが成長するのに必要なのは、お父さんの得意な理屈っぽい話です。将来、子ども自身が歩んでいく世の中について想像できるように、たとえば「自分で決めたことが守れないと世の中に出てから非常にまずいことになる、今のうちに自分で決めたことができるように努力すれば世の中に出てからも人に信頼される」など、「このようにするとよくなる」という具体的なイメージを与える叱り方をするといいでしょう。

✔最後は笑顔で終わるように

どんなに厳しく叱っても、1日の終わりが子どもにとって「叱られモード」にならないようにしてあげてください。

子どもは親に喜んでもらえたり、認めてもらったりするとうれしく、叱られると悲しくなったり、イライラしたりします。イライラや悲しい気持ちを持ったまま勉強しても、学習効率は高くありません。ですから短時間で、親は叱るモードから、子どもは叱られるモードから抜け出す手続きが必要です。

その日の終わりにはお互いが笑顔で、「明日は楽しい1日になりそうだ」「明日はちゃんと勉強できそうだ」「明日はお母さんと仲良くできそうだ」など、明日が来るのを楽しみにできるような会話をしましょう。

「今日ちゃんとやらなかったんだから、明日こそしっかり頑張らないとダメ！」というのがいちばんよくありません。

「一緒にお風呂入ろう」などでもいいので、勉強とは違う会話、行動をしてお互いの心を落ち着かせてください。

叱った後に心を落ち着かせるのはなかなか大変ですが、環境を変化させたり、動きを変化させたりすると、子どもの気持ちを変えることが可能です。

次のようなちょっとした行動の変化も、子どもの気持ちを大きく変化させます。

- **勉強部屋で叱っていたが一緒にリビングに移動した。**
- **電球の明かりが煌々《こうこう》と輝く明るい部屋で叱っていたが、部屋の電気を消し、スタンドだけにしてみた。**
- **家の中で叱っていたが、子どもと二人で夜の散歩に出てみた。**
- **子どもの正面で叱っていたが、子どもの横に位置を変えてみた。**

当たり前のことですが、叱ることがないのなら、叱らないほうがいいです。

そのことは、忘れないでおいてください。

5 祖父母が口をはさんできて困ります。どうすればいいですか？

✓受験に適した環境づくりに協力してもらう

共働き家庭の場合、祖父母が子どもの面倒を見ていることもあるでしょう。ご自宅ではなく祖父母の家に家庭教師が行って教えることもめずらしくありません。

祖父母が受験に協力的な教育おじいちゃま、教育おばあちゃまとして頑張ってくれるのは心強くもありますが、その頑張りが裏目に出てしまうことがあります。

多いのが、かつて自分たちが息子や娘に受験時にさせていたことを孫にさせること。先にもお伝えしたように中学受験の状況は年々変わります。なので、当時は効果的だったことであっても今は使えないことも少なくありません。また、祖父母の教育を実際に受けた身として、やめてほしいこともあるでしょう。

「私、こういうことを言われて本当に嫌だったわ」

「時代が変わったから、こういうことはしないで」

といったことは、子どものためにきちんと伝えてください。

そして、役割分担や行動計画をしっかり決め、お互い守りましょう。

たとえば、おじいちゃんの家では計算と漢字と塾の宿題の基本的な部分をやり、家では塾の宿題の応用部分とまとめテスト対策をやるなど。

スピードと正確さを高めるための訓練部分と、試行錯誤しながらじっくり考える必要がある部分で分けるのもいいでしょう。

中学受験で大切なのは、ハードな戦いだからこそ、「使えるものはすべて使う」ことです。祖父母の協力が得られるなら、上手に使いましょう。

上手に役割分担ができれば、共働き家庭の場合は特に、心強い援軍になってくれるはずです。

✔子どもの気持ちを尊重する

何度お願いしても、どうしても祖父母が口を出してくる時は、お母さんが子どもと祖父母との間に立って防波堤の役割をしてください。

たとえば、父方が代々医者のため「この子も医者にしなくちゃいけない」、何代も続いている弁護士事務所を受け継ぐため「弁護士にしなくては」などといった、家系が理由で祖父母が頑張りすぎるご家庭をこれまで数多く見てきました。こうしたご家庭の場合、お母さんまで祖父母に同調して子どもに頑張らせすぎてしまう傾向があります。

「おじいちゃんも、お父さんも一生懸命頑張って立派なお医者さんになったんだから、あなたも頑張らないといけない」と周りの全員から言われ続けるのは、子どもにとって過剰な負担です。

子ども自身が医者や弁護士を目指して頑張りたいという気持ちならいいのですが、そうではない時にお母さんまで祖父母側に立ってしまっては、子どもが孤立してしまいます。

祖父母が頑張りすぎているように感じた時は、

「勉強大変よね。つらいことはない？　もう少し頑張れる？」

「お医者さんになりたくないならば、お母さんがちゃんと言ってあげるから」

など、常に子どもの大変さを認め、気持ちに寄り添って言葉をかけてあげましょう。

お母さんは常に味方でいてくれる。その安心感をきちんと持てるようにして、ストレスに押しつぶされないよう、守ってあげてください。

「～しなければいけない」という言い方を「あなただったら～できるわよ」という言い方に変えてあげるだけでも随分違ってきます。

もし子どもがすでに強いストレスを抱え、それが行動や言動に表れている場合は、すぐに話し方を変えてください。

話してあげる論旨は次のようなことです。

「何事も、努力することは素晴らしいことだ」

「あなたには、努力できる才能がある」

「できる努力を、できる範囲でやればいい」

「あなたが『頑張らなければいけない』と思っていること、お母さんよくわかっている」

(頑張っていなくても『頑張らないといけない』と思っている子どもが多いです)

叱咤激励ではなく、子どもをねぎらいながら「このぐらいだったらできそう」と感じさせることが大切です。

第3章

中学受験期に親がやるべきこと、やってはいけないこと

1

うちの子、落ち着きがないのですが、中学受験できますか？

☑注意力散漫で雑な子でも伸びる

勉強中、ちょっとカーテンが揺れただけでパッとそちらに向いてしまう。蝶々が飛んで来たらその動きを目で追ってしまう、そんなお子さんの姿を見ると「こんなことで大丈夫だろうか」と心配になることでしょう。

そんなお母さんの気持ち、よくわかります。

ですが、「今は落ち着きがないけど、そのうちなんとかなるだろう」と信頼し続けてあげてください。

実は、6年生になって「おお！　急に（成績が）伸びたな！」と言えるのはこういうタイプの男の子が多く、難しい受験問題を解くのに適している子がいっぱいいます。

カーテンが揺れたらカーテンに目が行き、蝶々が飛んできたら蝶々に目が行く子は注意力散漫だと思われがちですが、いろいろなことに気がつきやすいため、問題文全体に興味を持ち、散らばっている大切な要素を拾い集めて答えを導き出しやすいです。

上位の学校は算数の問題文の文章量が多く、文章全体を俯瞰して考えないと解くことができません。

なお、カーテンが揺れてもカーテンを見ることなく、蝶々が飛んできても蝶々に目が行かない、目の前の狭い視野の中にしか注意が向かない子は、今まさに自分が読んでいるところに集中しすぎて、視野の外にある大切なことを見逃してしまうことがあります。

こういうタイプの子は、全体をくまなく読み終えてから考え始める習慣を身につけさせると急に伸び始めます。

どちらのタイプも長所と短所は表裏一体。あせらずに長所が伸びるように付き合ってあげてください。

✔子どものよいところを見つけよう

あらゆる物事には、絶対に裏表があります。欠点に見えることでも見方を変えると長所に変わります。

たとえば「字が汚い」という欠点も、見方を変えると「早く書くことができる」という長所になることもありますし、「書きミスが多い」という欠点も、多くの場合、スピードがあるから、つまり、自分が正確に処理できる限度を超えた速さで行っているからです。

親としてはつい、子どもの短所ばかりに目が行ってしまいがちですが、短所に気づいたら、すぐにその裏にある長所をどんどん見つけてあげてください。

乱雑に見える子の多くは、スピードがあって直感が働く。逆にゆっくりな子は上滑りな勉強を嫌い、納得ずくの勉強をする傾向があります。

常に「なぜ？　なぜ？」と聞いてくる子に付き合うのは大変ですが、こういう子は本質を理解しようとする学習の王道を歩んでいることになります。

嘘ばっかりつく子だって、想像力豊かで「こう言えばこの場を切り抜けられる」という頭のよさは持っているとみることもできます。

どんなにひどい短所があったとしても、その裏には確実に長所があります。

その長所を見つけてあげて、伸ばしてあげましょう。

2

子どもの勉強にずっとついていなくても大丈夫ですか？

☑発想を変えて信頼を

「親がついていなくても、子どもはちゃんと勉強するものでしょうか？」

共働き家庭の場合、お子さんと一緒にいられる時間が限られてしまうことから、こうした相談をよく受けます。

育休後、仕事に復職したにもかかわらず、子どもの中学受験を理由に会社を辞めてしまう方もいらっしゃいます。

実は、限られた時間しかフォローできないことによって、子どもの自立が促進されるというメリットがあります。

むしろ、中学受験の際、手取り足取り親御さんがフォローしてしまうと、受験が終わった後の中学校３年間も手取り足取りフォローが必要になってしまいます。さらに反抗期にさしかかると子どもが言うことを聞かなくなり、自分一人では何もできないことから変な道に進んでしまう、事件を起こしてしまう、なんてことも実際起きています。

子どもは何から何までかまってあげなくてもちゃんと育っていくものです。ですから、やってあげたいことが全部できない、できるとは限らないのは、そんなに悪いことではありません。

ただそうはいっても、小学３年生まで手取り足取りフォローしていたのに、小学４年生からは自分でやりなさいなど、急に自立させるのはもちろん不可能です。準備が必要です。何をどう準備すべきかについては次章以降でお話しします。

✔お母さんの心の平穏が何より大事

人間は誰しも順調に育っていくためのプログラミングを強固に持っています。このことを常に自分に言い聞かせましょう。そうすることによって、過剰な干渉をしなくてすみますし、お母さん自身の心の平穏が保てます。

また、昨今は、親がやってあげられることがたくさんあるため、フォローしすぎてしまい、子どもの自立を妨げているご家庭が多いようです。

実は「やってあげたいけれど物理的にできない」という状況は、理想的な状態に近いともいえます。ですから「やってあげられることを、できるだけやってあげよう」という気楽な気持ちでいてください。

教育もしくは学習は、短期間で見ると非常にムダが多いもので「これこれをやってあげなかったからこうなった」という因果関係がはっきりすることはほとんどありません。また逆に「これをこうやったからこうなった」といったこともほとんどわかりません。でも、その子の一生を通して長いスパンで考えてみると、かなり相関関係があります。

手取り足取り指導をしないと、合格できる学校が1ランク下がるなどといったマイナスがあるかもしれません。

ですが「子どもの自立」という面や将来の大学受験を考えると、そのマイナスは何倍ものプラスになって返ってくるものです。

子どもを自立させるために「かまってあげないという教育」があってもいいんです。一緒にいられなくても、できることをしていきましょう。

3

勉強ばかりさせていたら、子どもがわがままになってしまいました。どうすればいいですか？

☑「小さな王子様」にしない

私たち家庭教師が「小さな王子様」と呼んでいる子どもたちがいます。

昨今、この「小さな王子様」タイプの子どもたちが、確実に増えています。

彼らは、男の子も女の子もとにかく偉そうに振る舞います。人の言うことを聞きませんし、目上の者に対しても非常に傲慢な態度をとりがちです。

さらに、自分のためではなく親のために勉強をしてあげていると思っているうえに、「自分はできるはずだ」という強すぎる自己肯定感を持っていることが多く、わからないこともわかっている振りをして誤魔化したり、不都合なことは全部「周りが悪い」と考えます。

自分で真剣に考えようとしないわけですから、学力がつくわけもありません。

「小さな王子様」タイプの子どもたちは、間違った方法で子どもに手をかけすぎている、たとえば、子どもがつまずかないように何から何まで準備をしてしまう家庭に多いようです。

この傾向は、中学・高校と続いてしまうことが多く、大学受験でも大きなマイナスとして働きます。

共働き家庭の〝子どもの面倒を見る時間がなかなかない〟という環境は、「自分のことは自分でできる」自立した子どもにするにはよいものと言ってもいいでしょう。

✓子どもにも役割を与える

わが子を「小さな王子様」にしてしまうお母さんは、子どもには勉強だけしてもらえればいいと、召使いのようにかしづいていることが多いようです。その結果、子どもにとって勉強は、他のやるべきことをやらないですむ免罪符になってしまっています。

「小さな王子様」にしないためには、子どもにもすべきことはきちんとさせることです。

何から何までやらせなさいということではありません。家族の一員としての役割をつくってあげてください。

たとえば「朝起きたらカーテン開けるのはあなたの役割よ」とか「一緒に食器片づけよ

うね」など、最初のうちは、ほんのちょっとしたことでかまいません。年齢が上がれば役割も増やしていきましょう。

また、「そのことだけは必ずやる」と決めてください。そうすることで家族の中で「自分はかけがえのない一員だ」という気持ちを抱き、自ら動くようになります。

親御さんは、子どもがお手伝いをしたら、その都度「ああ助かるわ」とか「今日も忘れずにできてエライね」などと声をかけて、ちゃんと認めてあげてください。「私がやっちゃうほうが早いわ」と思うことも、グッと我慢して子どもがやるのを見守ります。先程、親はよい上司になりましょう、とお話ししましたが、まさしく後輩に仕事を教えるのと同じです。

家庭内での役割を果たすことによって認めてもらえると、「自分のしたことを認めてもらえた」という事実が積み重なります。それが、受験勉強では「かけがえのない自分だからこそ○○をしたい」と努力する、そんな力の元になっていきます。

4

父親が「俺はもっとできた」と子どもに同じようにさせようとするのですが、問題ないですか？

✓成功体験にこだわらない

お子さんに中学受験をさせようという親御さんの多くは、ご自身もたくさん勉強してこられているため、その体験から、つい自分がやってきたことをそのまま子どもに押しつけてしまう人がよくいます。

あるご家庭では、お父さんが大学受験の時、学校から帰ってきたらまず4時間寝て、その後、夜通し勉強して有名大学に入ったことから、小学生の娘さんにもさせたところうまくいかず、結局、娘さんは中学受験自体をやめることになってしまいました。

大学受験の高校生と、中学受験の小学生では脳のつくりも身体の発達も、知識や経験の蓄積も違います。また、勉強法にも相性があります。そのことは理解しておきましょう。

ほかにも「俺は塾に行かずに分厚い問題集を2回やって○○中学に合格した」「俺はもっとできた」などと、自身の成功体験から、子どもにも自分の受験の時と同じようなやり方でやらせようとするお父さんも少なくありませんが、お父さんが受験した当時と現在とでは入試問題の難易レベルがまったく違います。

たとえば算数です。

30年前の難関中学の試験では記憶力がものをいい、問題のパターンと解き方を覚えて、それを適応すればよかったのですが、現在は記憶した多種多様な知識や解き方のパターンを、問題に応じて試行錯誤しながら組み合わせて解く力が要求されます。

他の教科も30年前は知識量が合否を分けましたが、現在は、知識はあって当然。思考する力が問われます。

お父さんの時代とはまったく違うと思ってください。

✔失敗談はやる気を生み出す魔法

逆に失敗話はおおいにしてあげてください。

親の失敗談は、子どもにとって励みになるからです。

たとえば「俺が小学校の時に全然勉強しなかったらひどい成績取っちゃってさ、親父にえらく叱られたんだよ。これじゃあいけないと思って頑張って、その後ちょっとよくなったんだ」みたいな話は非常にいいですね。

こういった話を聴くことによって、「お父さんも私と同じだったんだ。失敗しても頑張ったから、こういう風に立派な生活ができているんだな。だったら僕にもできそうだ」など、いちばん近くにいる大人、人生の先輩である親も自分と同じように失敗したりしながら成長してきたんだと知ることで心強く感じ、頑張り続ける勇気になるわけです。

「親の沽券《こけん》に関わる」とか「親父として弱みは見せたくない」と思うかもしれませんが、子どもの前で常にかっこつける必要はありません。

失敗談ができるということは、その失敗を完全に乗り越え、人格的に成熟しているということです。

親の成熟度がお子さんの受験結果に影響してくると言ってもいいでしょう。

5

きょうだい間で成績の格差があります。どう接したらいいですか？

✓それぞれの頑張りを受け入れる

きょうだい間で成績の比較をすることは、できるだけ避けてください。

「お兄（姉）ちゃんはこんな問題軽く解けていたよ」「お兄（姉）ちゃんみたいになっちゃいけないよ」などは、上の子、下の子どちらにとっても悪影響でしかありません。

「お兄（姉）ちゃんなんだから見本を見せてあげなきゃね」などといった声かけもプレッシャーになります。

親御さんは、きょうだいそれぞれが、それぞれの頑張りを見せてくれるだけでいいんだ、という気持ちで対応しましょう。

✔子どもはまだまだ発展途上

小学生の頃は、発達曲線の個人差がとても激しいです。勉強に必要な発達には言語感覚、数の感覚、空間認識力など、様々な要素があります。さらにそれを支えるものとして聴覚、視覚、身体感覚が必要です。

しかし、成長度合いは人それぞれ違います。ある部分はすぐれているが、ある部分はまだ発達していないといった、発達のアンバランスさは大きいです。

きょうだいといっても得意・不得意の箇所は異なり、知能の発達状況も違っています。またストレス耐性も大きな差異があります。

年上のお子さんに使って効果的だったフレーズが年下のお子さんにも使えるとは限りません。結果を比較するのではなく、努力の過程を認めること、そして時には〝努力しようと努力している気持ち〟を認めてあげる必要があります。

そういった発達段階の特徴を理解せず、テストの結果だけで判断しようとすると、子どもの状態を見誤って傷つけてしまいます。

中学受験はまだ成長の途中、アンバランスな状態での受験となることを心得ておいてください。

6 家庭での会話やコミュニケーション、どんなことに気をつけたらいいですか？

☑イライラしたお母さんは見たくない

仕事から戻るなり「もう宿題やったの？」「早くやりなさい！」と声をかけてしまっていませんか？　共働きのお母さんがお子さんの状態を確認するために言いがちですが、これはよくありません。

子どもは「お母さんに信用されていない」と感じ、傷ついてしまいます。「ちゃんとやってるよ！」と返しても「お母さんに見せなさい！」と信じてもらえない。しまいには「うるさいなぁ、もう！」「そういう言い方はやめなさい‼」などと、感情のぶつけ合いに。お互い嫌な気分になるための会話になってしまいます。

どちらかが冷静になって視点や話題を変えることができればよいのですが、その力は子どもにはありません。気分を変えてあげられるのはお母さんしかいないのです。

まずは、5分でも10分でもいいから、お母さんのほうから、勉強以外の話をしてあげましょう。

「今日お母さんね、仕事でこんな人に会ったのよ」など、その日あった出来事を和やかに話すことが、子どもと心の通ったコミュニケーションをとることにつながります。

子どもの話を聞くのはその後です。「学校で今日、何があったの?」など、どんどん質問してあげてください。

できるだけ具体的に、情景がわかるような説明をさせるための質問をすると、子どももどんどん話してくれます。しっかり聞いてあげましょう。

たとえば「今日ね、太郎君とケンカしちゃって」と子どもが言ったら「へえ、そうなの?太郎君とどんなケンカしたの?」「その時、太郎君はどんな顔をしていたの?」「その時、太郎君はどんな気持ちだったんだろうね?」「それを誰か見ていた?」と、その時の情景を詳しく説明できるような質問を投げかけます。

その繰り返しが読解力と共感力を鍛えることにもつながります。

✔共感力を育てる会話を

学力の要素として、意外に見落とされがちなのが「共感力」です。

どんな科目でも設問を読む時には、「何を聞かれているのか？」と近視眼的に見るのではなく「この問題を作った人は何を答えてほしいんだろう？」という共感力が必要です。出題の意図を慮《おもんぱか》る、推測するということです。

たとえば「棒線❶について、その前後から太郎君の感情の変化を読み取って、その時の太郎君の気持ちを書きなさい」というような問題がよく出されます。この時「そういうまどろっこしい言い方をしているのはなぜだろう？　これは、棒線❶の前後から読み取れと言っているんだな。しかも感情の変化に注目してということは、その前と後では異なった感情になったと言っているんだな。その時の感情の変化を書きながら、今どういう感情なのかを書けと言っているんだな」など、出題者が「何を」「どのように」書いてほしいと思っているのかを感じ取る必要があります。

よくいわれる「読解力」は、活字を読む力だけではなくて、出題者への共感力を含んだものです。本文（長文）の内容に入りすぎるとなかなか成績は上がりません。本文の著者と出題者双方への共感が大切です。

国語という科目の出来、不出来は、家庭での言語環境がそのまま現れてしまいます。「この時○○君はどう思ったのかしら？　そして、それを見ていた□□さんはどうだったのかな」という日常での会話が共感力を育てます。

✓家族で朝の散歩をする

共働きで親子のコミュニケーションの時間が取りにくいご家族は、朝の散歩をオススメしています。できれば家族全員で、ペットの散歩を兼ねてでもいいでしょう。

散歩しながら、同じ方向を向いて歩いていると、お説教することが不可能です。知らず知らずのうちに共感を促すような会話になります。

さらに自然に触れることによって生活体験の幅が広がっていきます。

会話のきっかけは、目に入ったものの確認から入ればいいでしょう。たとえば「木蓮が咲いたね」「木蓮は花が咲いている時に葉っぱはないいんだっけ？」など、みんなで同じ体験をし、そのことについて話すわけです。

その流れで普段の生活の話もできる状態になります。散歩しながらなので、お互いに考える雰囲気になり、親子関係にプラスに働くうえに受験勉強にもいい影響を及ぼします。

✔欠点をあげつらってはいけない

注意すべきことはしなくてはなりませんが、欠点をあげつらうのはやめましょう。「あなたは○○だから△△しなければいけない」「もっと頑張らなくちゃダメよ」などと言われたとたん、子どもはその言葉の裏に、「あなたは今、頑張っていないでしょう」と言われていると感じ、自信をなくしてしまいます。

「あなたには、こういうよいところがあるからこれはできるよね」「そうするとこんないいことがありそうよ」など、より頑張ることで起きそうな「成功を予感させる」話し方を意識してください。

ポイントは子ども自身が「ちょっと頑張ればなんとかなりそう」という気持ちを持って、「なんとかなったら、こういうことが起きそう」ということを具体的にイメージできるように話すことです。成功の予感が持てるような内容を、成功の予感が持てるような言葉で伝えられれば、子どもは、お母さんがいない時も、お母さんとの会話、お母さんの言葉を思い出して頑張れます。

だからこそ、お母さんは、家にいられる時間は常に「子どもとの関係をよくしよう」と考えておいてほしいですね。

7 勉強に集中できる環境はどう整えたらいいですか？

☑子ども部屋は小学生にはまだ早い

子ども部屋に一人で閉じこもって勉強するのは、小学生には無理でしょう。部屋で勉強をしている子どもの様子を見に、お母さんがコンコンとノックして入ろうとすると、ガサガサっと何かを隠す音がする。マンガを隠れて読んでいたり、携帯をいじっていたりするわけです（笑）。

子ども部屋に入ってしまうと、子どもの状態を観察するチャンスがありませんし、子どももまた、お母さんの存在を感じる時間が足りないでしょう。

ただでさえ親子の時間を十分に取ることが難しい共働きのご家庭では、近くにいる時間を増やすほうがいいので、小学生のうちは、勉強自体はダイニングで、子ども部屋は問題

集やプリント、本などの保管場所として考えるといいですね。

自分の部屋で勉強するのは、中学生になってから、それも、中1の夏休みあたりぐらいからでよいでしょう。それまでは、親がいる間の勉強は親が見ているところ、ダイニングテーブルでさせましょう。

この時、お母さんに心がけてほしいのは、ちゃんとやっているか見張るのではなく、子どもを観察して、すぐれているところを見つけて認めてあげるということです。そうすれば、子どもも心地よくダイニングで勉強できますよ。

✓部屋はあえて片づけすぎない

雑誌などで「中学受験向きの住まいの間取り」という特集があったり、受験用のマンションなどが販売されていたりしますが、中学受験のために家に凝る必要はありません。

少し明るめの照明、そして、お母さんの姿が見えたり、感じられたりすればそれでいい。

また、きれいに片づけすぎないほうがいいです。

子どもは、きれいに片づけられていたり、静かすぎたり、がら～んとしている場所だと集中できません。かえって常に何かが目に入ってきたり、風に揺れるカーテンの動きを感じたり、人が動いたり、話したりする音が聞こえたりと、何かを感じられる環境のほうが集中できるのです。

風のゆらぎ、音のゆらぎ、光のゆらぎが学習の持続力に大きくかかわっているように感じています。

部屋もビジネスライクにきれいにしまってあるよりも、ちょっと散らかっているくらいのほうが視覚のゆらぎがあります。

共働きのお母さんは「片づけている暇がなくて、悪いなとは思うんですけど……」とよくおっしゃるのですが、それでいいんです。「片づけようと頑張っているんだけど、いつも何かがはみ出してしまっている」。こんな環境が理想です。

貴重な時間は、片づけ以外に使いましょう。

8 毎日の生活で気をつけるべきことはありますか？

✓姿勢を整えさせる

あまり注目されていないのですが、姿勢を正しくさせることも大切です。

姿勢が悪いと、字が乱れ、文頭がちゃんとそろわず、自分が書いた言葉や文章、計算式がちゃんと見えないといったことが起きてしまいます。これらは学習面で大きなマイナスになります。

特に算数は、縦横の線や円など図形も書けないといけません。姿勢がゆがんでいては、図もゆがんでしまいます。

ただし、「姿勢を正しましょう」とか「背筋をまっすぐにしなさい」と言っても子どもにはわかりにくいので、「頭をまっすぐにして」「ヒジは机に乗せないのよ」など、一つひ

勉強する際の正しい姿勢のあり方

❶ 机と座っている自分の胴体との間に縦にした握り拳一つ分をあける

❷ 目とノート（もしくはテキスト）との間は最低でも 20 ㎝あける
（よく 30cm と言われるが、子どもの身長からすると 30 ㎝は厳しい）

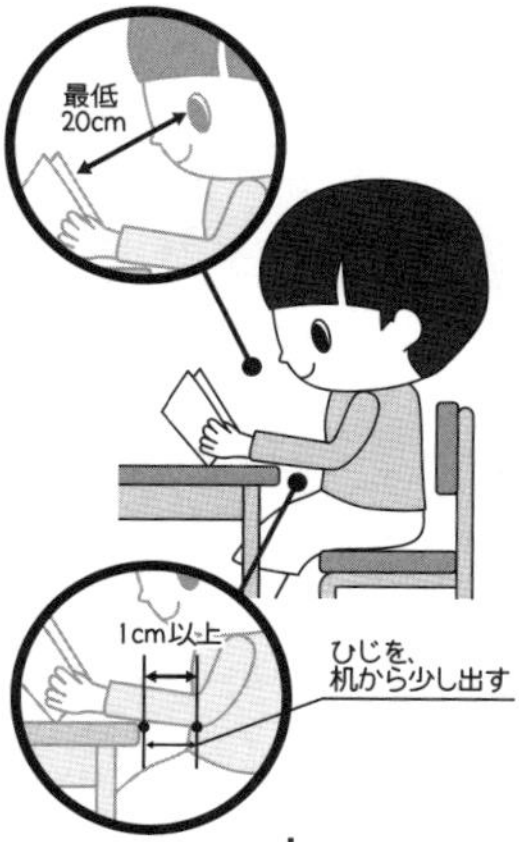

❸ ヒジはテーブルから 1 ㎝でも 2 ㎝でも外しておく
（頬杖できない位置に）

❹ ノートは身体の中心ではなく右目の正面に置く

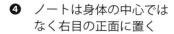

とつ教えてあげましょう。

ノートが身体の中心や左側にあると、文字や図形を書くとどうしても右上がりになってしまいます。お母さんは時々子どものノートを見て、右上がりになっていたら姿勢を確認してあげることが大切です。

✓子どもの嘘は追い詰めすぎないこと

実力テストの結果など、子どもが嘘をつくこともあるでしょう。

子どもは嘘をつく生き物だからです。

ただし人を騙そうとするような、悪意のある嘘であることはほとんどありません。

子どもが嘘をつく気持ちの根本には「お母さんを悲しませたくない」「お母さんに対してよい子でありたい」という気持ちがあります。

親子関係がうまくいっていないから嘘をつくわけではなく、むしろ親の期待に応えようと頑張ろうと思っているからこそ嘘をついてしまうのです。

そのことをわかっておいてください。

子どもの嘘に気づいた時は、怖い顔をして「こうしなくちゃいけないでしょ！　また嘘ついて！」などと叱り飛ばすと、お互いの関係が悪くなってしまいます。

鞄の中に悪い点数のテストをくしゃくしゃに入れてあったりした時は、追い詰めるのではなく、見つけたことを明るく告げて笑い飛ばすくらいがいいでしょう。

「（笑顔で）テスト用紙、見～つけちゃった。（真面目な顔で）頑張っていたことはお母さんだってわかっているわよ。お母さんに悪い結果を見せたくなかったのね。これからは困ったことがあったらお母さんに相談してね（ニコッ）」

このような言い方が効果的です。

もし子どもの嘘が日々増えているように感じるのであれば、子どもが嘘をつかざるを得ないような親子関係になっていないか、一度考える必要があるかもしれません。

共働きで、限られた時間しか一緒にいられないからこそ、一緒にいられる時は子どもの様子、話し方やその内容、振る舞いまでしっかり見てあげてください。

そして、言っていることがおかしいな、様子が変だな、ちょっと姿勢が悪いななど、少しでも気になることがあったら、声をかけてあげましょう。

そうすることで、様々なフォローができるはずです。

第4章

共働きだからこその塾、家庭教師の選び方、付き合い方

1 塾はどうやって選べばいいですか？

✓関東の塾は家庭の協力ありきのカリキュラム

中学受験の合格は、塾選びも大事な要素です。

塾の特徴を見極め、お子さんに合った塾選びをすることが大切です。

塾の特徴は地域性によっても変わります。

関東の塾は「塾は万全のカリキュラムに基づいて良質なテストや教材、授業を提供する場所」と考えているため、子ども一人ひとりの勉強については各家庭で面倒を見てください、というのが基本スタンスです。

だから自習時間も設定していませんし、何を勉強すべきなのか、何を復習すべきかを個人ごとに指導してくれることはありません。そして当然ながらどのように勉強するかも家庭に任されています。

共働きのご家庭にとってはちょっときつい塾があることを知っておいてください。**関東型の塾の場合、親御さんの状態も踏まえた塾選びが必要です。**

✓首都圏大手4社の特徴

3年生の2学期中に、自宅から通える範囲にどのような塾があるか調べておきましょう。首都圏は、大手4社が代表的です。それぞれの特徴、違いを比べてみましょう。

1 S塾

御三家に多数合格者を出している塾です。

中堅どころの中学を受験する人は下位クラスになってしまうレベルなので、中堅どころの合否予想については判定しにくいというデメリットもあります。

御三家レベル志望者が非常に多いため、すべての授業はそれらの子どもたちを中心に組まれています。授業の進行もスピーディでレベルも高く教材の種類も多いので、入塾前に少なくとも計算と漢字の先取りはしておかないと授業についていくことは厳しいでしょう。

この塾に向いているのは、日常生活をテキパキこなすことができ、先生のスピーディな話を聞いて、しっかり理解できる子どもです。

また、この塾の4年生から6年生の教材を全部取っておくと一部屋埋まってしまうという話もあるほど、毎週様々な教材が配られます。その膨大な量と種類の多様さから子どもがファイリングをするのはほとんど不可能なので、必然的に親がすることになりますが、かなり時間が必要です。共働きなうえに帰りが遅いなど、膨大な教材をファイリングする時間を確保できない方はS塾を続けるのは厳しいでしょう。

2 N塾

5年生までのカリキュラムの進度がいちばん緩やかです。

そのため、6年生になってからがハードになります。

「うちの子はのんびりとしているな」と思ったら、この塾がいちばん適しているかもしれません。ただし、5年生の間に共働きで忙しくはあっても、時間を捻出して家庭で学習の習慣をつけさせるような関わり方をしておかないと、急に速くなる6年生の授業で困る可能性もあります。教材は基本的に冊子の形にまとまっているので、ファイリングは子どもでもできます。その点は安心ですね。

3 Y塾

この塾の特徴は、週ごとの復習テストが学力別に4コースがあることです。授業のレベルとテストが合っていますから、習ったことをきちんと復習しさえすれば、その効果はすぐに現れます。

他の塾はテストのコースが少ないので、塾の授業で扱われなかった難しい問題も毎回出題されるため、授業の復習を頑張っても、それが点数に反映されるとは限りません。

その点Y塾では、頑張った分だけ点数が上がることになり、学習のモチベーションを高めることができます。

上位校の合格実績を再び高めようという本気度の表れでしょう。塾のテキスト「予習シリーズ」が改訂されました。特に、理科と社会のテキストの出来は素晴らしいものです。子どもにとって興味が持てるレイアウト写真、イラストの使い方がされており、他の塾の生徒も、読み物として読んでおくと効果的です。

また、ネットを使った「予習ナビ」「復習ナビ」という映像授業もあります。事前に「予習ナビ」で学習したり、授業でわからなかった箇所を「復習ナビ」で確認し直すこともできます。ずっと横について勉強を見ることができない共働きのご家庭には助かりますね。

ちなみに2017年あたりから、ベテランの先生より若手の先生の数が増えています。

4 W塾

テキストは主体となる「予習シリーズ」と、別教材として「ダブルベーシック」があります。その両方から宿題が出るため、宿題の量がいちばん多いです。

全員参加型の勉強合宿があること、さらに体育会系で熱意のある先生が多いので、たくましい子には向いていますが繊細な子だと怖がってしまう可能性があります。実際、気の弱い子が、他の子が怒鳴られているのを聞いて、怖くて行けなくなってしまったという相談が寄せられたことがあります。

ちなみにこの塾は、算数の解法に裏技が多いのが特徴です。鮮やかに最短で正解にたどり着くことができる反面、子どもが「なぜ、そうなるのか」を考えず、機械的に解き方を当てはめて「楽」しようと思ってしまうことがあるので、要注意です。

親が時間を見つけて「なぜその方法で解けるのか教えて？」と確認してあげましょう。

6年生の2学期に実施される「NN志望校別日曜特訓」は各学校の傾向が研究されていて信頼性が高く、ギリギリ合格を目指す子にとって非常に有効な問題選択となっています。

上位合格ではなく、合格最低点を確実にクリアするための問題選択は見事です。特に知識型の受験問題は、学校によっては精度が高く、他塾からの参加者も多く集まるほどです。

このように、同じ中学受験用の塾であってもまったく違います。塾の情報はネットで探すのもいいですが、実際に話を聞いてみないと本当のところはわかりません。

また、**それぞれの塾の特徴に加えて、校舎ごとにも特徴があります。**責任者がどういう人かによって塾のカラーは大きく変わるからです。

目星をつけたら、実際訪ねてみるといいでしょう。塾の見学は、入塾試験の勉強を始めてからでも間に合います。

なお、入った塾が合わない時は他の塾に「転塾」するか、同じ塾の別校舎に移る「転校」も選択肢として考えておく必要があります（116ページ）。

2 関西の塾事情はどうなっていますか？

☑丸抱えする関西の塾

関西の塾、主に大阪、京都、兵庫、奈良の塾は「丸抱えします」が売り文句です。その言葉どおり、基礎から演習・復習まで勉強はすべて塾で完結させ、授業の合間や授業が終わった後にも自習時間が設けられているため、拘束時間が長いのが特徴です。

夜10時過ぎまで自習するので家に着くのは11時過ぎ。あとは寝るだけという生活になってしまう子どももめずらしくありません。

夏期講習などの特別講習も、首都圏だと復習や演習をメインにした講習だけなのと違い、関西の塾は、日中は講習、夜は普段どおりの授業という2階建て構成。しかも授業と授業の間に自習時間があるので、朝10時に出かけて帰ってくるのが夜10時。子どもたちはお弁当を二つ持って塾に通っています。

共働きのご家庭からすると「全部やってくれるので助かる」とおっしゃる方が多いのですが、結果が出ない子どもが意外に多くいるので注意が必要です。

強制自習をさせている塾では、「授業後の自習時間では塾の宿題をやりなさい」などと、「何をやるべきか」が指示されます。

全員が課題に意欲的に取り組めればいいのですが、「指示された宿題が終わらないと帰れないから」と考え、早く帰るために「とりあえず授業中に聞いた方法をなぞって、正解が出ればいいや」と〝やっつけ〟の勉強をしてしまう子が少なからずいるからです。

「本当にわかろうと思って勉強してきたのか？　それとも形だけ勉強してきたのか？」がわかるのはしばらく経ってからです。家庭で弱点の補強をするための対策を取ろうとしても、塾の拘束時間が長いので、そのための時間を見つけるのが難しくなります。

「なぜそうなるのか」興味を持っている子については最適な環境ですが、そうでない子の場合、たくさん勉強したという満足感のわりに、成績が伸びないなど、メリットばかりではありません。

「丸抱え」の塾に行かせていても、「塾に全部お任せ」とはいかないことを知っておいてください。

3

塾に入る前にはどんな準備が必要ですか？

中学受験のための塾の授業は、学校の授業とは違い、スピーディなうえに、基礎的なことは教えません。塾に入る前に、授業についていくための準備が必要です。

私が特に大切だと考えているのが、「家庭学習の習慣」「国語と算数の基礎学力」「人の話をちゃんと聞く習慣」の3つです。

それぞれについてお話ししていきましょう。

✓まずはスタートラインに立たせる

小学校2年生から3年生の前半までの間に、家庭学習の習慣がついていること、そして、学校の成績がよいことが、中学受験のスタートラインにつくための最低条件です。

学校の成績がよいことは、基礎学力が身についていること、人の話をちゃんと聞くことができていることの証拠と考えることができます。

共働きのご家庭の場合、入塾後に子どもの基礎学力が不足していることがわかっても、そのケアをしてあげる時間が満足に取れないことも多くあります。基礎学力だけは塾に入る前に十分につけておくことが必要です。

そのために、低学年のうちは学校で出された宿題以外に算数と国語の各1冊、市販の問題集でかまわないので、毎日やらせてください。これによって家庭学習が習慣化できるうえに、学校の成績を上げることができます。

家庭学習の時間の目安は「算数・国語の各（学年）×10分」。

1年生だったら10分、2年生だったら20分という具合です。3年生であれば、算数と国語、それぞれ30分ずつ勉強する習慣を身につけさせておきましょう。

✔中学受験のための基礎学力をつける教科学習法

受験のための基礎学力とは小学校の基礎学力とは大きく異なります。一部は先取りをしておくべき内容があったり、スピードを高めたりしておく必要もあります。

1 算数

入塾テストを受ける頃には4年生の計算問題が解けるようにしておきましょう。

たとえば、四則混合計算は、4年生で習うものですが、3年生で受ける入塾テストでは普通に出題されます。

日々の計算練習をこまめに見てあげるのが難しい共働きのご家庭は、公文などに行かせるのもオススメです。

ただし、公文に行かせて、持ち帰ったプリントに書かれている数字が殴り書きになっている子には逆効果です。身体を動かしたくてウズウズして集中できていない可能性が高いからです。机の前に座って毎日同じことをコツコツすることがどうしても苦手な子は少なくありません。お子さんにそういう兆候が見られたら、指先を動かすという身体動作を伴うそろばん教室に行かせるほうがいいでしょう。そろばんは計算力がつくことにプラスして、5進数10進数の感覚がしっかり身につくという利点もあります。

ただし、公文とそろばん教室はどちらか一つにしてくださいね。

2 国語

毎日家庭学習をする習慣が身についていて、日常生活での会話がしっかりできていれば、基本的に先取り学習は不要です。

必ずやってほしいのは、教科書の音読と1日10分の問題集。それぞれを毎日きちんとやるようにアドバイスしてあげてください。

漢字は3年生までの配当漢字が書ければ大丈夫です。

✓人の話を最後まで聞く力をつける

塾に入る前に身につけておくべき3つのことの中で最も重要なのが、この「人の話をしっかり最後まで聞く習慣」です。

学校の授業だと「はい！　黒板のほうをちゃんと向いて！　○○君、こっち見て！」などと先生が注意してくれますが、塾ではしてくれません。

しかも、塾の授業はいきなり説明が始まり、ちょっとでも気を抜くと板書が消されてノートにメモを取り損ねてしまうほどのかなりのスピード感で進んでいきます。授業についていくには、しっかり話を聞きとり、理解していかなくてはなりません。人の話をそのペースに合わせて聞く習慣が身についていないと、授業についていけなくなってしまいかねないのです。

最初から最後まで人の話を聞くことができるかどうかは、小さい頃からの家庭での会話の作法に大きく左右されます。

お母さんやお父さんが子どものほうをしっかり向いて、目線の高さを同じにして、語りかけることが基本です。話す時は視線を外さずに話し、聞く時は相手の目を見る。こうしたことが普通に行われている家庭の子は、授業をちゃんと聞くことができます。お互いにあさってのほうを向きながら会話する家庭の子はちょっと危ないです。

忙しい共働きのご家庭では、会話する時間もなかなか取れないと思いますが、「夕食の時は、相手のほうを向いてしゃべることにしようね」「人が話し終わってから話し始めようね」といったルールを決めるなど、普段から意識するようにしてください。

✓入塾テスト対策で上のクラスを目指す

塾に入るには、入塾試験を受けなくてはなりません。

どの塾でも小学校3年生の2月から、受験のためのカリキュラムが本格的に始まります。

そして、その前の12～1月に入塾試験が行われます。志望校合格のためにできる限り上のクラスに入って受験勉強を始められるよう、3年生の9、10月から入塾試験のための対策を始めましょう。

学校の試験では高得点を取れているのに、入塾試験ではさんざんな成績を取る子は、実はめずらしくありません。

これは、勉強ができないのではなく、試験の問題量と形式に慣れていないことが原因です。学校のテストは、問題と解答欄が同じ用紙に印刷されていますが、入塾試験では、問題用紙と解答用紙が分かれています。この形式に慣れていないために、問題用紙に答えを書き込んでしまい、試験終了のタイミングで答案用紙が白紙という子が毎年多発しています。大人であればすぐに対応できることですが、子どもには練習が必要です。

また、出題のされ方も、問題文がかなり長いなど、学校のテストとは違います。

さらに**S塾の入塾試験の算数では思考系の難しい問題が出される、Y塾の国語では語句問題が難しい**など、塾によって傾向が違います。

希望する塾に通うお子さんを持つ先輩ママから問題を借りてコピーできると、傾向が見えるかもしれません。身近に先輩ママがいるなら、お願いしてみるといいでしょう。

4

「塾に行くのが楽しい」はいい傾向ですよね？

✓「塾が楽しい」は危険サイン

多くの有名塾では、いちばん下のクラスに通う生徒ですら、ほぼ全員「塾に行くのが楽しい」と言います。でも、いちばん下のクラスからは、あまり第一志望校には合格していません。ではなぜ楽しいのかと言うと、小学校とは違う友達に会えるからとか、休み時間に友達とふざけることができるからということが少なくありません。

塾も先生もプロですから、子どもの状態を見極めてわかった気にさせる授業はお手のものです。宿題も他のクラスよりグッと少ない量しか出していないなんてこともあります。

「子どもも楽しそうに通っているし、しかも名の通った塾だから安心」と思う前に、なぜ楽しいのかを子どもからちゃんと聞いておきましょう。

「何が面白かったの？」「どんなことがあったの？」と尋ね、勉強内容について「こういう話を聞いて面白かった」といった話題がたまにでも出るようであれば安心ですが「○○ちゃんとこういう話をした」「△△君と今度□□するんだ」など、勉強以外の話しか出ない場合は注意が必要です。

お子さんの目的がそれていないか、時々は塾の様子を確認するといいでしょう。

✔塾に行かせると家庭の役割が増える

中学受験の塾が生徒に提供するのは、最先端のカリキュラムとテキストやテストです。多くの塾は基本的に「勉強させるのは家庭の役割」というスタンスです。首都圏の塾はその傾向が強いのです。

何をやるかは塾から指示してもらえますが、どのようにやるかを決め、コントロールするのは家庭の役割になります。そのため、塾に行かせたからといって、家庭の役割が減るわけではありません。むしろ増えると考えてください。

少なくとも塾の宿題がどのぐらいの量で、どのレベルで出ているのかを、感覚的でかまいませんからつかんでおいてください。お母さんにとって「うわ、多い」「そんなに多くないな」「うわ、難しい」「たいしたことないな」のどのレベルなのかを把握しておき、子どもの状況に合わせてアドバイスをする必要があります。

お母さんが「うわ、多い」と思うほど宿題が多い場合は、子どもの勉強が「終わらせる」ことが目的になってしまっていることが往々にしてあります。また、「よくわかんないけど、とりあえずやり方を覚えてやり過ごそう」という暗記頼りの学習になっていることもあります。暗記に頼った受験勉強を始めたら、とたんに成績の伸びが止まります。

そのような時は、「難しいと思っても3分は考えなさい。3分考えてわからなかったら塾の先生に質問に行こうね。質問しにくかったらお母さんが手紙書いてあげる」とアドバイスしてあげましょう。

お母さんが手紙を書いてくれたら、内気な子でも聞きやすいですよね。

これが正しい関わり方です。

塾に「お任せしているから」とただ見守るのではなく、自分がどのように関わっていくのかをイメージをしておくことが大切です。

☑家庭の役割は環境づくりのサポート

子どもが塾に通い始めた際、家庭がすべき役割は大きく次の2つです。

●学習のスケジューリングをする

何曜日の何時から何の学習をするのか、といった短期のスケジューリング、「弱点対策はこの時期にやろう」「模試の対策はゴールデンウイーク中にやろう」などといった中長期の学習内容のスケジューリングは子ども一人ではできないのでサポートが必要です。

親がスケジュールを作成し、子どもに押しつけることはよくありません。共働きで忙しい日常の中でも、子どもの学習スケジュールづくりの手助けをお願いします。

また、**受験勉強を通して子ども自身がスケジュールを考え、自分で修正していく練習は、その後の中学・高校の勉強に生かされます。**

●勉強の様子を観察し、ねぎらい、ほめる

子どもが長時間勉強していても、それが常に成績アップにつながるとは限りません。逆にそんなに多量の勉強をしているわけではないのに、良い成績をとってきたりします。学習の効果は、子どもの気持ちに強く関わっているからです。

子どもの状況を把握するために、常に次の2つのことに注目してあげてください。

1　テスト結果は、成績の変化だけでなく答案用意や問題用紙の文字にも注目する。

2　家で勉強している時の姿勢に注目する（79ページ参照）。

気持ちは文字に表われます。文字が乱雑に見える場合は、「正解を求める」より「終わらせなければ」という気持ちが強すぎることが多いです。

また、姿勢が悪いと気持ちがダラ～っとなり、字も思考も雑になります。

こういう時は叱るのではなく、「全部解くよりも、解いた問題の正答率が大事。空欄はあってもいいのよ」「背筋を伸ばして勉強すると頭がよく働くそうよ」などと言ってあげたり、少しでも良くなったところは、すぐにほめてあげると子どもの気持ちが乗ってきます。

ねぎらいほめる時は、次のような情景を理想と考えてください。

子どもがダイニングテーブルで勉強している様子をお父さんが見つめる。

父「勉強しているんだ。えらいね」

子「そうでもないよ」

父「難しそうな問題やっているんだなあ。なかなかおもしろそうだね」

子「おもしろくないよ！」

父「そうか。お前も大変だね。お父さんも大変なんだ。明日までに会社のプレゼン資料を作りあげないと。横でパソコンをカタカタやってもいいか？」

子「いいよ！」

父「お父さんもここ2時間ぐらいでこの仕事を終わらせるから。お前も頑張れ。終わらせたら一緒に風呂に入ろうぜ！」

子「うん」

このシーンのポイントは、次の2つが自然な形で実行できていることです。

1　親も日々頑張っていることを子どもに感じてもらう。

2　子どもが頑張っていることを親が認める。

どうしても叱りつけないといけない状況もあるでしょう。
その時は、強い口調でも冷静さを失わずにいてください。
叱るのは60秒以内で収め、後は「君だったら、○○したら○○のような良い結果が出せる」など、子どもの力を信じていることを話してあげると効果的です。

5

日曜日のオプション講座には行かせたほうがいいですか？

✔オプション講座は要不要を見極める

塾では、通常の授業とは別に、オプションの講座があります。

ＧＳ特訓（ゴールデンウィーク特訓）、単科講座、弱点補強講座などは塾によっては、すでに料金の中に組み込まれていることが多く、「行かなければもったいない」と迷うことなくお子さんを参加させる方も多いでしょうが、**この勉強がわが子にとってその時期に本当に必要なのか、という視点で冷静に考える必要があります。**

たとえば、ＧＳ特訓で考えてみましょう。この時期の首都圏の塾はカリキュラムが終わったといっても、基本的な部分が終わっているだけで応用部分は終わっていません。ほとんどの子どもが、まだまだ弱点項目を多く残している時期です。そのタイミングで総合的な演習問題に取り組むと、自信を失ってしまう危険があります。基礎学力が身についている生徒にとっては確実に効果がありますが、そういう生徒は全体の20パーセントほどで、残り80パーセントの生徒にとってはあまり意味がありません。

「理科の計算単元の総復習」や「算数の速さの総復習」といった弱点対策に時間を割くほうがずっと効果的であることが多いのです。

自分の子どもの状態と講座の内容をきちんと照らし合わせて判断をしましょう。

もちろん、オプション授業がすべて悪いわけではなく、**6年生の2学期にある志望校別の日曜特訓は難関校を目標にしている子どもにとっては外せない講座です。**

✓6年生の「日曜特訓」の活用の仕方

首都圏では、ほとんどの塾で2学期から日曜特訓が始まりますが、一部の塾では1学期から始めます。N塾とW塾です。

N塾は、全員参加型、W塾は志望校別の資格制という違いがありますが、両講座共に、基礎学力が十分に身についている子ども向けのものだと考えてください。

N塾の説明会で「1学期に難しい問題に挑戦させて危機感を持ってもらうため」とか「こ

の時期から応用問題に慣れさせることで、2学期の応用演習にスムーズに入っていけます」という話がありました。そして、実際に行われている内容は説明通り、普段のカリキュラムよりも一段難しめです。

1学期の日曜特訓に行く、行かないは次ページの上の表を参考に決めてください。

2学期の日曜特訓は、志望校の問題傾向に合わせた（演習）＋（解説）の授業です。難関～最難関の中学校の入試問題は学校ごとに大きく異なっていますから、この対策授業は必須になります。

特に「開成中コース」「桜蔭中コース」などのように、一校だけを対象にした対策講座は有効です。参加できないとなると、大きな不利が生じます。

ただし、「男子ハイレベルコース」「女子ハイレベルコース」「御三家コース」のように複数の学校をターゲットにしているコースは要注意です。同程度の偏差値であっても、問題傾向が異なりますから、時間のムダ使いになることがあります。

授業内容は必ずチェックしましょう。

1学期の日曜特訓に行く・行かないの決め方

行くほうがよい

・6年生なのに、親がいても日曜日にダラダラしていてほとんど勉強しない。
・基礎力が充分にあり、志望校の問題が難しめだ。
・普段の勉強が順調に進んでいて、日曜日に時間を取られても大丈夫。

行かないほうがよい

・やるべきことを決めてやれば、ある程度、自分で勉強を進めることができる。
・基礎事項の中で、まだよくわかっていない部分が多く、1学期中にそれを何とかしたい。
・普段の授業の復習や宿題に追われて、日曜日の時間を取られると回らなくなる。

2学期の日曜特訓に行く・行かないの決め方

行くほうがよい

・志望校の単独コースが設置されている。
・志望校の入試問題に明らかな特徴がある。

行かないほうがよい

・自分の志望する学校のコースが設置されていない。
・基礎的な問題だけが出題される学校を志望している。

6

塾の宿題が多すぎてこなせていないようです。どうしたらいいですか？

☑なぜ塾の宿題は多いのか

中学受験のための塾は、宿題が多いのも特徴です。

4年生の1年間は、塾の宿題はできるだけ全部やらせてください。さすがに受験勉強が始まったばかりですから、やり切れないほどの宿題量ではありません。

しかし、5年生の後半くらいから、すべてをやり切ることが難しくなります。

各教科の先生が、それぞれの担当教科に必要だと思うもの全部を宿題として出すからです。各教科の先生同士で宿題の量を調節し合うことはほとんどありません。その結果、4教科合わせるとどうしてもやり切れない量になってしまうというわけです。

こんな状態で、塾の宿題をすべてやろうとすると、「授業の復習」「弱点対策」「テスト対策」

「テストの振り返り」などのほかの大切な勉強に手が回らず、逆に成績が下がっていくことになりがちです。これでは、本末転倒です。

子どもがやり切れないほどの宿題量だと気づいた時には取捨選択が必要です。

その一つが19ページで紹介した「○△×学習法」です。

授業を聞きながら○△×をきっちりつけて「これはやるべき」「これはやらなくてもかまわない」という判断をしておきます。

家では△に関わる宿題、授業中にほぼわかったけれども実際のテストに出たら解けない可能性がある問題だけ集中して取り組みます。授業を受けてもわからなかった問題は、勇気を持って捨ててしまいましょう。

お子さんには「全教科の△宿題が終わって、余裕があったらそれ以外の宿題をやってもいいよ」と声をかけてあげてください。

△の問題は、今すぐ点数を上げることができる問題ですから、この勉強法を始めたとたんに成績が上がる子どもが多いです。

✓6年生の夏休み以降は勉強法を変える

6年生の夏期講習になると、実際の入学試験に出た問題を抜粋したプリントもしくは、テキストが授業の中心になっていきます。そのため、授業の受け方や復習も、やり方を変えていく必要があります。

これまでは、インプットのための学習、学力をつけるための学習でしたから、しっかり授業を聞いて、家に帰ってしっかり復習すればよかったのですが、**6年生の夏以降はアウトプットのための学習です。「この一問を一発で正解するぞ！」という気持ちで演習問題に取り組むことが大切です。**

授業中は演習に最大限の力を注ぎ、家での復習は「解けなかった理由探し」のみとしましょう。「この知識を忘れていたからこの問題が解けなかったんだ」「このひと言を見逃したから解き方を思い出せなかったんだ」「あの問題を解くためのルールをきっちり実践しなかったから間違えたんだ」など、理由を確認するだけで十分です。すべての問題を解き直すことに意味はありません。

また、6年生の夏休みは、講習がない日の使い方が特に重要です。

ほとんどの塾の夏期講習は、週5、6日間が講習で、1日休みというスケジュールが組まれています。

そのたった1日のお休みの日にやることの中で最優先してほしいのが休息です。講習中に、日々の宿題に追われて寝る時間が遅くなっているようなら、ここで生活リズムを戻します。

次に暗記ものです。

W塾やY塾では、「4教科のまとめ」、S塾では「コアプラス」、N塾では「メモリーチェック」から範囲が示されチェックテストが実施されます。

チェックテスト前日の夜遅くに短時間で頭に詰め込もうとすると生活ペースが乱れますし、せっかく頑張って覚えても、すぐに忘れてしまいます。余裕を持って事前に一度覚えておくと、忘れにくい知識となって定着します。

塾の先生から入学試験の過去問から、解くべき問題を指示されると思いますが、これも休みの日にやるべきことです。

家でリラックスしつつも、「この一問も一発で正解するぞ!」と言い聞かせながら学習もする。それが受験期間の休日の過ごし方になります。

7

塾と良好な関係をつくるコツを教えてください

☑塾の先生に顔を売っておく

中学受験において塾の存在はとても大きいです。塾の先生には、しっかり顔を売っておきましょう。

塾によっては、ママ会などを開くところもあるようですが、多くの保護者がいる中で塾の先生とのコミュニケーションを取るのは難しいものです。先生としても、限られた時間の中で、一人の保護者だけに集中するわけにはいきませんので、関係性を強めることは難しいでしょう。

そういう機会にコミュニケーションを取ろうとするよりも、子どもの送り迎えの時に手短な挨拶を何度もしていくことをオススメします。

顔を合わせる時間の長さより、頻度を高くして先生に顔を覚えていただく、つまり「顔を売って」おくのです。そうすれば、いざという時に相談に乗っていただきやすいです。

共働きのご家庭だと、送るのは難しいでしょうから、時々は塾の前までお迎えに行って、先生たちに挨拶しておきましょう。見送りに出てきている先生に会釈をするだけでも、顔を覚えてもらえます。

最寄りの駅で待ち合わせている方もいらっしゃいますが、塾まで迎えに行ってあげてください。

塾の先生にお願いしたいことがある時や込み入った話をしたい時は、お父さんにも出てきてもらうといいでしょう。

実際、お父さんが塾の先生に対して理詰めで相談をすると、先生の対応が変わることが多くあります。

たとえば「宿題の量を少し減らしてもらえないか」という相談をするにしても、お母さんに対してはなかなか首を縦に振りませんが、お父さんが行くとＯＫが出たりします。

いざという時のお父さんは効果大です。

8
塾に持っていくお弁当（塾弁）はコンビニのお弁当でもいいですか？

✓「塾弁」は無理せずに

共働きのお母さんの悩みの種、それは塾用のお弁当「塾弁」でしょう。

もちろん、理想を言えば、手作りのお弁当を持たせてあげるほうがいいでしょう。実際、手作りのお弁当を持ってきている子が上位クラスに多いのも事実です。

ですが現実問題、共働きで手作りのお弁当を用意するのは難しいと思います。

だからといって、コンビニ弁当やファストフードばかりでも心配でしょう。

であれば、塾ではおにぎり1個などの軽食にしておいて、家に帰ってから食べるという方法もあります。むしろそのほうが、家族で一緒に晩ご飯を食べることができるので、メリットは大きいでしょう。

✔受験時期の食事の注意点

6年生で注意しなければいけないのが受験時の肥満です。外に遊びに行く時間がどんどん減って、運動不足になっているにもかかわらず、それまでどおりの量を食べていると、子どもでも意外に太ってしまいます。また、子どもにもストレス太りがありますから注意が必要です。

太りすぎると頭の働きが悪くなってしまうので、食事やおやつなどの、摂取カロリーが高すぎないかどうかは常にチェックしましょう。

また、塾から帰って夕食となると、どうしても時間が遅くなりがちです。遅く食べると朝がつらく、なかなか食事が喉《のど》を通らない、朝食なしで学校に行くと、午前中ずっとぼーっとしてしまいがちです。

朝食は必ず食べさせてから学校に行かせるよう心がけてください。

朝食は決まった時間に必ずとることを家族の約束にして、これで1日の生活のリズムをリセットするといいでしょう。

9

塾が合わない時はどうしたらいいですか？

☑まずは勉強についていけているかを確認する

子どもに次のような兆候が出ている時は、塾が合っていない恐れがあります。

●テストの成績が低迷し続けている
●元気がなくなっていった
●塾の先生の悪口を言い始めた
●塾の友達の文句を言い始めた
●成績が上がらないのを塾の先生の説明が悪いからだと言い始めた

まずは塾の勉強についていけているかを確かめましょう。

つまずいていそうな問題について「お母さん（お父さん）にこの問題の解き方を教えて」と子どもに問いかけてみてください。説明できれば大丈夫ですし、説明できないことが続くようだと、勉強についていけていない可能性があります。その場合は、対策が必要です。

原因によって対処法が違うので、それぞれについて見てみましょう。

●基礎学力が身についていない
●学習への意欲が低下している
●塾の先生の説明のスピードについていけていない
●塾の先生の説明が不適切だ
●先生に対して不満・問題がある

基礎学力が身についていない場合、基礎学力をつけながら塾のカリキュラムに沿って勉強していくことが可能か不可能かを考えます。

今の塾にいては基礎学力を身につけるだけの時間が取れないと思ったら転塾しましょう。

学習への意欲が低下している場合は、なぜそうなってしまったのかを考えます。原因としてよくあるのが、塾の友達関係のつまずきです。この場合には、環境を変える、つまり塾を変わるほうがいいでしょう。

塾の先生の説明スピードについていけていない、または塾の先生の説明が不適切、つまり教え方が下手だという時、先生に対して不満・問題がある時は、やはり転塾もしくは転校を考えるべきです。

✔塾の友達関係は難しい

多くの塾では、授業の座席が成績順になっています。

小学校の友達とは、給食や体育や音楽の授業など、いろいろな場面で付き合いますが、塾では授業と授業の間のほんの短い休み時間に言葉を交わすぐらいの付き合いでしかないため、どんな子なのかを知る機会がありません。成績順だけがわかるため、自分より成績の悪い子を下に見る子もいます。こうした子の心ない発言に傷つくことも起こりえるのが塾の友達関係の難しいところです。「今日は塾でどういう話をしたの？」という話をし、この時にふと出てくる言葉をよく聞いてあげる必要があります。

また子どもは、幼い自己肯定感から自分を高く見せようとして、人を見下すことがあります。わが子にその兆候が見られたら要注意です。無理やり話を盛ったり、ウソを交えたりといった言動は本人の学習意欲を失います。さらにそういった子は、成績が下がってくるとカンニングしてしまうことが多くありますので、気をつけてください。

✔転校のポイント

塾が合わない時の選択肢の一つが、同じ塾の違う校舎に変わる「転校」です。

同じ塾であっても、校舎によって授業の雰囲気も、レベルも違います。

一般的にクラス数が多い校舎、1学年が3～4クラス以上あると、それぞれのクラス内での学力差が狭くなるので、ほとんどの生徒に合う教え方ができるようになります。反対に、1学年が2クラス程度だとクラスの中での学力差が大きすぎて、講師にとってどのレベルに合わせて授業をしていいのかが難しくなり、生徒によっては、やさしすぎたり難しすぎたりすることになります。

今のクラスに不安があるなら、一度他校を見学させてもらうといいでしょう。

塾の先生に「転校したい」と切り出すのは勇気がいるでしょうが、家の事情でなど、個人の事情のせいにすれば説明しやすいはずです。お父さんに出てきてもらうのもいいでしょう。

✔転塾のポイント

別の塾に移る「転塾」という選択肢もあります。

今の塾の勉強についていけない時、カリキュラム進行の速いところから遅いところへ、つまり、今の子どものレベルに合ったところへ移るケースが一般的です。

カリキュラムがゆったりしている塾に移るのは、同じ学校を目指すライバルたちに「置いていかれるのではないか」と不安を抱くかもしれませんが、進度が遅く、宿題の量も少ない塾に変えた結果、だんだん成績が伸びて、最終的に第一志望校に受かったというケースもたくさんあります。

前の塾で先取りして勉強していたため、同じ内容を2回聞くことができ、そこで自信を回復して成績を伸ばすことができた、なんてこともあります。塾との相性はとても重要です。

塾に行きたがらなくなる、表情が急に暗くなってきた、塾の成績がどんどん下がっている。こうしたサインを目にしたら、早めに決断をしてください。

10

どんな時に家庭教師を頼めばいいのですか？

☑こんな時は家庭教師を頼んでみては？

「どんな時に家庭教師を頼めばいいのかわからない」といった相談をよく受けます。

次のような時は、頼み時といえます。

- 志望校合格に偏差値が大幅に足りない時
- 著しく学習意欲が低下した時
- 何を勉強させればいいのかわからない時
- どのように勉強させればいいのかわからない時
- 子どもが質問したい問題が次から次へと出てくる時

●勉強していてどこがわからないかがわからない時
●成績を上げる方法がどうしても見つからない時

もしお子さんの状態に当てはまることがあるようなら、家庭教師を検討したほうがいいでしょう。

今すぐつけるつもりはなくても、どんな家庭教師の派遣元があって、どんな先生がいるのかという情報は、早めに取っておくことが必要です。もちろん、費用なども調べておいてください。体験授業だけでも早めに受けておくといいでしょう。

共働きのご家庭は、親が子どもの勉強にずっと付き合ってあげることができません。ですから、いざという時にすぐに動けるようにしておくことが大切です。

☑つまずき始めがタイミング

家庭教師をつけるタイミングは、いざという時、つまり、子どもがつまずき始めたと感じた時です。

つまずき始めのサインは、テストの成績の推移を見ればわかります。

もう一つ重要なのが、問題用紙に残ったメモ書きの跡です。

子どもの学習意欲が低下したり、内容理解が進まなかったりすると、まず字が乱雑になってきます。

これまできちんと式を書いて、きちんとした筆算をして答えを出していたのに、式を書かずに筆算だけになって、筆算の数字も非常に雑な字になってきた。しかも点数が下がっている、という時は家庭教師を検討してみてください。

すぐれた家庭教師は 問題用紙に残ったメモの跡からいろいろなことを読み取ることができます。

私も、体験授業で家庭に行く際、まず見るのは答案用紙ではなく、問題用紙のほうです。そこに残った計算や式の跡、どこに線を引いているかなどを見るだけで、いろいろなことがわかってきます。

たとえば、最初の1、2枚目はきれいな字で計算しているのに、3枚目あたりから急に字が乱れてきたとします。その理由は、ギブアップという気持ちになったからなのか、残り時間が気になって乱雑になったかのどちらかなのですが、どちらの理由かによって対策も変わります。そこで、子どもや親御さんに質問を重ねながらどちらなのかを探り、その後、改善策を見つけていきます。

☑短期・期間限定でも家庭教師は呼べる

家庭教師は必ずしも入試本番まで続けなければいけない、というわけではありません。その子に必要な時期だけ依頼できるので、気楽に相談してみるとよいでしょう。春休みや夏休みの期間だけ、入塾対策の2か月、6年生の最後の半年だけ、といった形で、期間限定で家庭教師を利用する人もいます。

なお、家庭教師に依頼するデッドラインは、入試の3か月前です。さすがに6年生の最後の1か月だけでというのは難しいですが、3か月あれば、偏差値5ぐらいはなんとかできるという感覚でいるといいでしょう。ボーダーライン付近、もしくはちょっと下くらいの位置であれば、依頼する価値はあると思います。

「あと半年早ければもっとうまくいったのに」と思うことが実際、多々ありますから、早めの相談をぜひお願いします。力量のある家庭教師なら、志望校の選定や問題傾向に合わせた指導や家庭学習の指示もできます。

ただし、自称「プロ講師」に惑わされないようにしてくださいね。

11

よい家庭教師はどこで見極めたらいいですか？

✔子どもの表情がすべてを物語る

家庭教師を検討する時は、まず体験授業を受けましょう。授業は、子どもの勉強部屋ではなく、ダイニングなどお母さんのいるところで行うようにしてください。

なお、体験授業にもかかわらず、営業の人が来るような会社は論外です。

見るべきポイントは、次のとおりです。

知識面

教科を教える力があるか……チラッと見ただけで解き方を提示できる力量が必要です。

各塾の事情に精通しているか……スケジューリングに差が出てしまいます。

マインド

褒め上手か……結果を褒めるのではなく過程を褒める効用を知っています。子どもの気持ちを鼓舞する技量があるか。そして何よりも子どもの伸びる要素を見つける力を持っていることが必要です。

その先生がよい先生かどうか、簡単にわかる方法があります。

それは、子どもの表情に注目することです。子どもの表情が明るくなった、笑顔が出るようになった、もしくは明るくしゃべるようになった、そのような表情や行動の変化があったならば、期待できる先生だと言っていいでしょう。

なぜならば「この先生とは楽しく勉強できそう」とか「この先生ならよくわかりそう」という成功の予感を子どもが抱いた証拠だからです。

実は、この判定基準がいちばん確実です。

親がいいと思う先生と、子どもが教わりたい先生が違うことはまずありません。親がいいと思う先生は、子どもも「この先生なら自分を伸ばしてくれる」と思うことがほとんどです。そういう先生であれば、少々高くても、たとえば「最後の半年間だけは」と予算を組む価値はあるでしょう。

12

塾と家庭教師は両立できますか？

☑家庭教師でより効果的に塾のフォローを

塾に加えて家庭教師をつけるというと、「今でも塾で大変な思いをしているのに家庭教師が来てもっと勉強をさせられるのか……」という子どもたちの気持ちが落ちてしまうこともあると思います。「そんなに勉強させられない」という親御さんもいます。

しかしイメージとは逆に、力量の高い家庭教師が来ると、より少ない勉強で、より効果的に成績を上げていくことができます。

家庭教師は塾の宿題をお手伝いするという形を取りながら、より深く内容を納得させ、さらにはその周辺知識の補完をするからです。

塾の宿題は家庭教師の先生との授業でかなり終わってしまうし、家庭教師の先生と一緒にやったことは忘れずにすむ、というメリットがあります。

ただし、これはよい家庭教師のにみあてはまります。

よい家庭教師は塾のシステムやカリキュラムを上手に利用しながら、その子を伸ばす方法を見つけ、実践することができます。

それができず、別の問題集、別の問題をやる家庭教師は、中学受験生にはあまりよくないといえるでしょう。

いい先生を選びましょう。

13
家庭教師が来ている時に親はどうしたらいいですか？

☑ぜひ同席してください

共働きのご家庭の場合は、平日の夜より土日に家庭教師を利用するケースが多くなります。平日でも「この曜日のこの時間なら家にいるので、そこでお願いします」という利用の仕方になるでしょう。

家庭教師には、子どもの勉強部屋でなく、ダイニングテーブルで教えてもらうこと、そして、お忙しいとは思いますが、お母さんでもお父さんでもかまわないので、必ずそこに立ち会うことがポイントです。

ご飯を作りながらでも大丈夫ですし、ノートパソコンでお仕事をしながら聞いていらっしゃる方もいます。

✔家庭教師側から見た親が同席するメリット

親が同席するメリットは家庭教師の側から見ると二つあります。

一つは、**お母さんと家庭教師がその場で意思疎通ができることです。**

家庭教師は、指導の効果が出るように「私はこれをしますから、お母さんこれをやってくださいね」という役割分担を具体的に決めていきたいと考えます。お母さんが同席していれば、その場でお互いに意思確認、役割分担ができます。

もう一つは、**お母さんがいることによって親子関係を感じ取ることができることです。**

必要に応じて子どもの家庭での様子や、最近の変化を聞くこともできますし、子どもの様子を実際に見ることができます。たとえば子どもがお母さんの顔を見る時、「お母さんに叱られそうだ」と思っていることがあります。また逆に笑顔でお母さんを見て「褒めてね」というサインを出すこともあります。それを敏感に感じ取ることで、指導に生かすことができます。

一方、同席されたお母さんは、子どもがやっている学習レベルを知ることができるとともに、子どもとの付き合い方のヒントを学んでいただけます。

親御さんにとっても同席のメリットがあるのです。

14

通信教育・WEB授業の活用法を教えてください

✓通信教育、通信添削だけでは難しい

小学生向けの通信教育、通信添削にもすぐれたものが多くあります。

通信教育や通信添削は、受講生が全国にいるため、志望校の入試に的確に合った内容であることは非常にまれです。さらにその子に必要なレベル、必要な量が提供されることはまずありません。

さらに小学生のうちから自分でスケジュールを組んで期限内に答案を出す、一度だけでなく継続して出し続ける、ということができる子はほとんどいないでしょう。

通信教育・通信添削の使い方としては、塾の勉強にプラスして、通信教育で演習量を増やすという方法があります。

しかし、通信教育だけの学習では中学受験の成功は難しいのが現状です。

✓映像授業を効果的に使うには

高校受験や大学受験では成果をあげている映像授業や配信授業。中学受験でも映像授業を配信する塾が増えています。多くが復習用ですが、なかには予習に使っている塾もあります。

しかし、まだ小学生の子どもが画面に集中することは難しい、という理由もあり、映像授業だけで中学受験をすることはなかなか困難なようです。

塾が用意してくれた映像授業がある場合、そのすべてを見せなくてもかまいません。たとえば塾の授業を休んでしまった時、その日の映像授業を見て補うという使い方もいいでしょう。

塾の授業の復習に使ったり、弱点対策の部分だけ見せたり、範囲を区切ってうまく利用することをオススメします。

第5章

試験に強い頭をつくるために親が子どもにしてあげられること

1 どうすれば試験で点数が取れるようになりますか?

☑「学力がある＝得点力がある」ではない

多くの人は「学力が上がれば試験の点数は上がる」と考えがちですが、これは大きな勘違いです（「学力がなければ試験の点数は上がらない」は正しいのですが）。

学力とは、知識の量と断片的なバラバラの知識を必要に応じてつなぎ合わせる力です。つながりの種類には、原因と結果をつなぐ力、似たもの同士をつなぐ力、対義関係のものをつなぐ力、そしてカテゴリー分けができる力などがあります。

いずれも自問自答し、自分の頭で考え、思考を深めることでついてくるものです（学力のつけ方については次項でお話しします）。

一方、試験の点数を上げるのは学力ではなく得点力です。

得点力は設問に対して正解を出す力のことで、学力を基盤として正解にたどり着く力です。得点力のつけ方については後でお話ししますが、入試本番での得点力を上げるには、6年生になってからでも間に合います。

それまでは、学力を身につけることを重視しましょう。得点力は、学力を超えることができないからです。

時折、学力がまったくその学校のレベルに届いていないのに、「ほかの学校はどうでもいい。○○中にさえ合格できればいいので、その傾向に合わせた対策をしてください」という依頼があります。

これこそ学力と得点力の関係を誤解されている典型的な例だと言えます。

学力がなければ得点力は上がりません。

まずは学力をつけるところから始めましょう。

2 学力をつけるにはどうしたらいいですか？

☑学力をつけるには自問自答力を鍛える

学力とは、いろいろな知識を必要に応じてつなぎ合わせる力です。

自問自答し、自分の頭で考えることが学力を伸ばします。

問題を読みながら「何がわかっているの？」「何が聞かれているの？」と自分に問いかけ、意識して考えるようにするのです。

それは、すでに習ったことをどうやって使うか、どうしたら正解にたどり着けるかを全力で考えることでもあります。脳の中にしまわれたものを上手に引き出す訓練です。

まずはお母さんが笑顔で「何を聞かれているの？」と聞いてあげて考えさせる習慣をつけ、次第に自問自答できるよう誘導しましょう。

わからない算数の問題に接した時は「何を書けば解けそうな気がするの？」と自分に問いかけるよう教えてあげてください。

✔早い時期に自分で学ぶ力をつける

自問自答をする時は、「わかっていないのにわかった振りをしない」ことが重要です。

一つひとつ自問自答のバリエーションを増やしていくことで、学力を高めていく素地ができあがっていきます。

「何がわかっているの？」「何を聞かれているの？」「何を書けば解けそうな気がする？」「同じ問題が出たら正解できる？」などといった言葉を使って自問自答の練習をさせることによって、自力で伸びていく可能性があります。

共働きのご家庭はなおさら、子どもが自分で学べる力を身につけることは大きな力になります。できるだけ早い時期に、自分で自分に問いかける習慣を身につけさせるようにしましょう。

3

得点力をつけるためにはどうしたらいいですか？

☑得点力をつけるには

得点力は、蓄えた知識とそのつながりを利用して設問に対して正解を出す力です。入試本番だけでなく、クラス分けのテストがある4、5年生にも得点力が必要です。得点力を支える力は、次の三つに分けられます。

1 問題文を正確に捉える力
2 知識や解き方を総動員できる力
3 なんとかして工夫する力

それぞれの力のつけ方をお話ししていきましょう。

1　問題文を正確に捉える力

入試問題はすべて文章です。読み飛ばすことなく一文一文を理解しながら読んでいく作業が必要です。問題文を流し読みして問題の条件を読み逃していたり、内容を勘違いしていたりなど、雑な読み方が原因で得点が伸びないことは多くあります。

問題文にきちんと向き合い、聞かれている意味をしっかり捉えながら読む力を鍛えるには、音読が効果的です。

以前、普段の会話がしっかりしているのに国語の成績がなぜか今一つの生徒に、問題（設問）文を音読させてみたところ、2か月で偏差値が10上がったことがありました。本人に聞いてみると「実はこれまで問題文をきちんと読んだことがなかった」とのこと。

試験中に問題文を音読するわけにはいきませんが、音読は、試験に強い頭をつくるうえで非常に大切な「周辺視野」を鍛える訓練にもなります。

スムーズに読むには、一文字一文字をその都度拾うのではなく、今読んでいるところよりも5センチ下ぐらいまでが常に目に入っている必要があります。これが「周辺視野」を使っている状態です。この「周辺視野」を鍛えておくと読み落とし、読み間違いといったケアレスミスを減らせます。また、黙読スピードが上がる効果もあります。目から情報を取り入れる訓練が「音読」なのです。

家事をしながらでいいので、お母さんは子どもの音読を聞いてあげてください。ポイントは、正しい文節でうまく区切れているかどうかです。音読がスムーズになると、黙読のスピードが上がると共に読み飛ばしが減ってきます。

ちなみに、受験問題ではたいてい「正しいものを求めなさい」と問われますが、国語の読解問題だけは「いちばん適切なものを選びなさい」と問われます。

適切なものとは、「正しい」ものではなく「正しいものに近いもの」を選びなさいという意味です。

ところが、それを知らない子どもは「正しいもの」を選ぼうとして悩み、どうしても選べないという状況に陥りがちです。

そうならないために、「正しい」と「適切」の違いを教えてあげましょう。

たとえば、国語の四択問題は消去法が有効です。四つあるうちの二つは確実に消せます。しかし、「答えはどっちかだ」となった時に正しいものを探すと両方とも違うように感じてしまいますが、「最も適切」と考えると、どちらが本当の答えに近いのかという判断で、解答を決めることができます。

ちょっとした言い回しの違いで、考え方も変わるのです。

2 知識や解き方を総動員できる力

難しい問題を前にして、諦めずに自分の持っている知識や解き方のノウハウを様々なパターンで組み合わせて、正解に近づくことができる力です。

考えるというと、じっと腕を組んで目をつぶって……という姿をイメージされるかもしれませんが、それは「考えているポーズ」です。

無言でじっとしていても、思考は動きません。手を動かして書くことで考えはまとまってきます。

「何を書けば解けそう?」という自問自答訓練を兼ねてアドバイスしてあげてください。

3 なんとかして工夫する力

初めて見た難しい問題を「これは習ってないからできない」と投げ出すのではなく、「なんとか工夫して解こう」とする力です。

同じことを教えても、子どもによって反応が違うことがあります。たとえば「こうしたら解けるよ」と教えると、「それはどこで使えるの？」とＨＯＷを考える子と「それはなぜそうなるの？」とＷＨＹを考える子がいます。

５年生くらいまでは、ＨＯＷを考える子のほうが点数を取りやすいのですが、６年生になって伸びるのは、５年生までの間にＷＨＹをしっかり考え続けた子のほうです。

ＷＨＹを考えられるよう、「なぜそうなるの？」と子どもに問いかけるのが重要です。

応用力とは、これまでに習った知識をＨＯＷとＷＨＹの方向から組み合わせていく力です。

時には勉強中の子どもの横で「へぇ〜、それはどのように使うの？　教えて」（ＨＯＷ）、「なぜそうなるの？　教えて」（ＷＨＹ）と笑顔で聞いてあげてください。

4
子どもの成績を上げるために何をしてあげたらいいですか？

✓勉強と生活を結びつける

お父さん、お母さんが勉強そのものを教えることはオススメしませんが、勉強と生活体験を結びつけるといったことは家庭でしかできません。

たとえば「包丁を使ったことがない子は算数の立体の切断問題に弱い」という傾向があります。

「切ったら同じ形になるのはどれでしょう？」と言われてもイメージできないのです。

野菜を切るお手伝いをさせるのもいいですし、おやつに大きな寒天や水羊羹《みずようかん》を用意してナイフで切りながら「どんな形になるか見ながら切ってみようか」あるいは「切り口が二等辺三角形になるように切れたら食べていいよ」と言うと、子どもは楽しみながら学びます。

これなら毎日でなく休みの日だけでよいので、共働きのご家庭でも十分できますね。

豊かな生活の体験が本物の学力を育てることにつながっていきます。

親子で楽しんでください。

☑夏休みの自由研究を活用する

夏休みの自由研究は「受験の邪魔だ」と思っている方も多いかもしれません。ですが、取り組み方次第で受験勉強にもおおいに役立ちます。

たとえば、日本史が苦手な子の場合は年表を作るといいでしょう。障子紙を長くつなげて、政治史と文化史に分けて、その年に何があったか書いていきます。できあがったら和装具店で表紙を買って貼り付けると立派な巻物になります。夏休みの自由研究にオススメです。

これまで歴史が苦手な生徒5人に巻紙の年表を作ってもらったのですが、これを作ったとたんに、歴史が得点源に変わりました。

自分なりに工夫してまとめていくことは、子どもにとってものすごくいい学びになります。

✔学習内容を「体験」として覚える

いわゆる知識や問題を解くための手順や公式、定理を覚えることは受験対策として必要です。ただし、丸暗記するだけでは覚えたパターンでしか使えず、応用がききません。

「なぜ、そうなるのか」という理由と共に覚えておく、すなわち「原因と結果をつなげて記憶する」ことが必要です。「これがこうなるからそうなるのか」など、そこに到達するまでに何がどうなってきたのか、筋道をたどるようにして覚えるといいでしょう。

どのようなことに対して自分が「なるほど」と思ったか、自分の「体験」として覚えると深く定着して応用も利きます。

「体験」として覚えるのには、親の協力が有効です。

たとえば、「この問題難しいね。お母さんわからないから、どうして答えがそうなったのか教えてくれる?」というように質問をしてあげてください。親が興味を持ってくれたり、面白がってくれたりすると、子どもは嬉々として教えてくれます。また、「あの時、お母さんが面白がってくれた」という「体験」になり、記憶として定着します。

毎週日曜日に行うイベントという形でもよいので、「体験」学習を実践してください。一緒に過ごすことで、親子のコミュニケーションも図れますよ。

✔質問形式にして音声で答える

多くの子どもは目から入る情報より、耳からの情報のほうが強く印象に残ります。さらに、耳からの情報は定着しやすく、自分の声だったらなおさら覚えやすいといいます。

あるお子さんは、社会が大の苦手だったのですが、自分の声で覚えるべきことを読み上げて録音し、塾の行き帰りの車の中でずっとその音声を流していたところ、社会が大得意になりました。

とはいえ、すべての教科を録音して繰り返し聞くのは現実的ではないので、声に出して勉強する機会を増やすといいでしょう。親がテキストを読み上げて質問し、子どもが答えるというやり方もオススメです。この方法だと、子どもが一人でやると30分かかる内容がものの5分で終わります。

また、子どもが覚えていなかったところを蛍光ペンでチェックしてあげれば、復習もできます。

たった5分か10分取り組むだけでも、子どもの知識の定着に大きな効果を発揮するのです。

5
勉強のサポートとして親がしてあげられることはありますか？

共働きのご家庭では、子どもの勉強にずっとついていてあげるのは難しいですが、子どもが試験問題を解くうえで大切なことや勉強の仕方を身につけるためにしてあげられることはいくつもあります。

☑算数は「教えて」で定着させる

今の塾は繰り返し型の授業がほとんどですから、理解よりも「まず覚えちゃえ」という感覚になってしまう子が多いです。

そこで塾のあった日だけ10分程度のミニ授業を行いましょう（38ページ参照）。

「難しそうな問題やっているね！　この問題、ちょっとお母さんにどう解くのか教えて」

と声をかけ、子どもに先生になって教えてもらうのです。

家に帰ったらお母さんから「教えて」と言われることがわかっていると「この問題をお母さんに教えてあげたい」「お母さんのびっくりした顔が見たいな」「ちゃんと理解しよう」という気持ちで真剣に聞くようになります。

親に教えることで復習もできますから、子どもがミニ授業をした問題は、まず忘れることはありません。テストに出たら必ず解けるようになります。

塾の授業のたびに1~2問の振り返り学習を2年も続ければ、約400問が頭に入るわけです。算数の基本パターンが600といわれていますから、すでに3分の2がもう頭に入っていることになります。

その蓄積は他の生徒との格段の差を生むことになるでしょう。

✓理科・社会、漢字はマインドマップで知識をつなげる

断片的に頭に入っている知識をつないで覚えるほうが効率的なことがあります。

たとえば、偏《へん》と旁《つくり》の意味をわからずに漢字の勉強をしている子は多いのですが、「木偏《きへん》の漢字」として整理すると覚えやすくなります。この時、マインドマップで自分なりに整

理していくと、知識がつながり、より効果的です。

この方法が向いているのは理科・社会と国語の漢字の学習です。

子どもは、マインドマップの書き方を習ったことがありませんから、最初だけは付き合ってあげてください。その時に注意してほしいのは、「これも抜けている。あれも抜けている……」と子どもを責め立てないことです。「最初にしては上手に書けたね。才能あるんじゃない！」などと言ってあげて、やる気を引き出してあげましょう。

✔小さい頃からの読み聞かせが物語問題の基礎訓練に

中学受験の国語に出る物語問題で大切なことは、問題文を読みながらその状況や情景を思い浮かべることです。

幼い頃から読み聞かせをしてもらったり、自分で絵本を読んだりした体験がそこで生きてきます。

絵本を読んでもらっている時、子どもは耳で聞きながらそのシーンをイメージします。

これが物語文の情景を想像する基礎訓練になります。読みながら絵を見ることで「こういう文章ではこういう状況を思い浮かべればいいんだ」と自然に学ぶことができるのです。

幼い頃は親が読み聞かせをしてあげて、文字が読めるようになったら、今度は、子どもに本を読んでもらうといいでしょう。

✓語彙力と読解力の関係

受験での読解力とは正解を出す力です。

気楽に読書をしていても語彙《ごい》力や読解力が身につくことはありません。

近頃の中学入試の物語問題は、普通に幸せに過ごしていた子どもには経験しようがないことを取り上げ、想像させる内容のものが非常に多いです。

この時、経験不足をフォローしてくれるのが語彙力です。

語彙力をつけるためには、大人が介在してあげる必要があります。

たとえば近年、国語の長文読解で「義父」という言葉が出てきて正答率が一気に下がったことがあります。「義父」と言われても子どもはいったいどういう人なのか全然わからない。でも大人なら「義父」と書いてあった段階で「ああ、お母さんが1回離婚したんだな」とわかるでしょう。そういった知識は大人が与えてあげないと子どもは気づくことができません。

普段、子どもが経験することがないような事柄を表す名詞、子どもが味わうことのないような微妙な感情を表す言葉については、親が教えておく必要があります。

つまり、普段の家庭での会話が非常に重要になるのです。

たとえばニュース番組を見ながら、もしくは国語を勉強している時、子どもに「この言葉、どんな意味？」と聞かれたら、親は面倒がらずにその都度、教えるといった関わりが必要です。

子どもとの語らいを増やすために、いちばん有効でしかも簡単なのは、「大人同士の会話に参加させる」ことです。

家族そろっての朝食の時や風呂上がりでくつろいでいる時には、会話を子どもと一緒に楽しもうと心がけてみてください。

6

受験期はテレビ・ゲーム、スポーツや習いごとを禁止すべきですか？

☑集団競技を続けながらは難しい

受験勉強中は勉強に集中するために子どもに我慢させなくてはいけないこと、調整しなくてはいけないことも出てきます。

長年続けてきた習いごとを「受験のためにやめるのは嫌だ」という子は少なくありません。個人でできる習いごとは、続けてもそれほど受験勉強に支障が出ないようです。自分で時間をコントロールできるからでしょう。なので、受験直前までやっていても大丈夫です。

一方、野球やサッカーなどの集団競技は時間を取られすぎてしまうため、少なくとも6年生の1年間は中断し、中学生になったらまた再開しましょう。

✔適宜、身体を動かして発散を

受験勉強が本格的になってくると、遊ぶ時間も、運動する時間もなくなっていきます。受験期に太ってくる子どもは、不思議と成績が下がる傾向にあります。ストレス太りのようなものです。運動する機会をつくって、発散させてあげましょう。

身体を動かさないと勉強に身が入らないスポーツ好きの子もいます。そういう子は、集団競技である野球はやめても水泳に行かせるなど、発散する場を個人競技でつくってあげるといいでしょう。

✔テレビは家族みんなで見る

テレビは5年生で最長でも1日平均1時間以内に留めるべきです。本当は1時間でも長すぎます。ただし、6年生になったらニュース番組は見せてください。直近1年で起きた事件や出来事が入試問題に利用されることが多いためです。

そして、テレビを見ながら家族でいろいろ話しましょう。

「アナウンサーはこう言っているけれど、お父さんはこう思うけどなぁ」「そういえば昔出張でここに行った時にこんなことがあったよ」「ニュースではこのように言っているけれど本人は○○な気持ちになったと思うわよ」など、家族でワイワイ話すことが自分の意見をまとめたり、多面的な考え方をするための訓練にもなります。

地球儀、図鑑、地図、特に日本地図を近くに置いて、話題になったところを「ここだね」と学習につなげていくことも大切です。

✔ゲームの時間はできるだけ減らそう

ゲームは禁止しなくてもいいですが、毎日2時間もやっているようでは、受験に成功するのは難しいでしょう。

ゲームではボタンをいかに早く押すか、条件反射的な動きが求められます。これは、中学受験の勉強に必要な問題に根気強く取り組む姿勢とは真逆です。

子どもと話し合って、親に隠れてゲームをしない、ゲームをするのは1週間に1時間以内などと決めましょう。

ゲームと同じく、LINEも勉強を大きく妨げます。「LINEは1日15分以内。しかも、親がいる時間帯」というようなルールを決めておく必要があります。

第6章

難関校合格を確実にする
共働き家庭流
タイムスケジュールのつくり方

1

合格までの理想的なスケジュールのつくり方を教えてください

✓早めの準備を心がける

どれだけ頭のよい子であっても、ただがむしゃらに勉強をするだけでは難関校合格は難しいものです。合格のためには、限られた時間の中でやるべきことを明確にし、計画的に勉強していく必要があります。

左ページの図は、中学受験に向かうスケジュールをつくるうえで注意しておいていただきたいことを一覧にしたものです。

共働きの家庭は親が直接フォローできる時間が（専業主婦のご家庭に比べると）どうしても不足しがちです。入塾してからそれまでの習慣を変えようとしても、物理的に時間が足りなくなってしまいます。**特に入塾までの3年生までの子どもとの付き合い方が大きな影響を与えます。早め早めの準備を心がけましょう。**

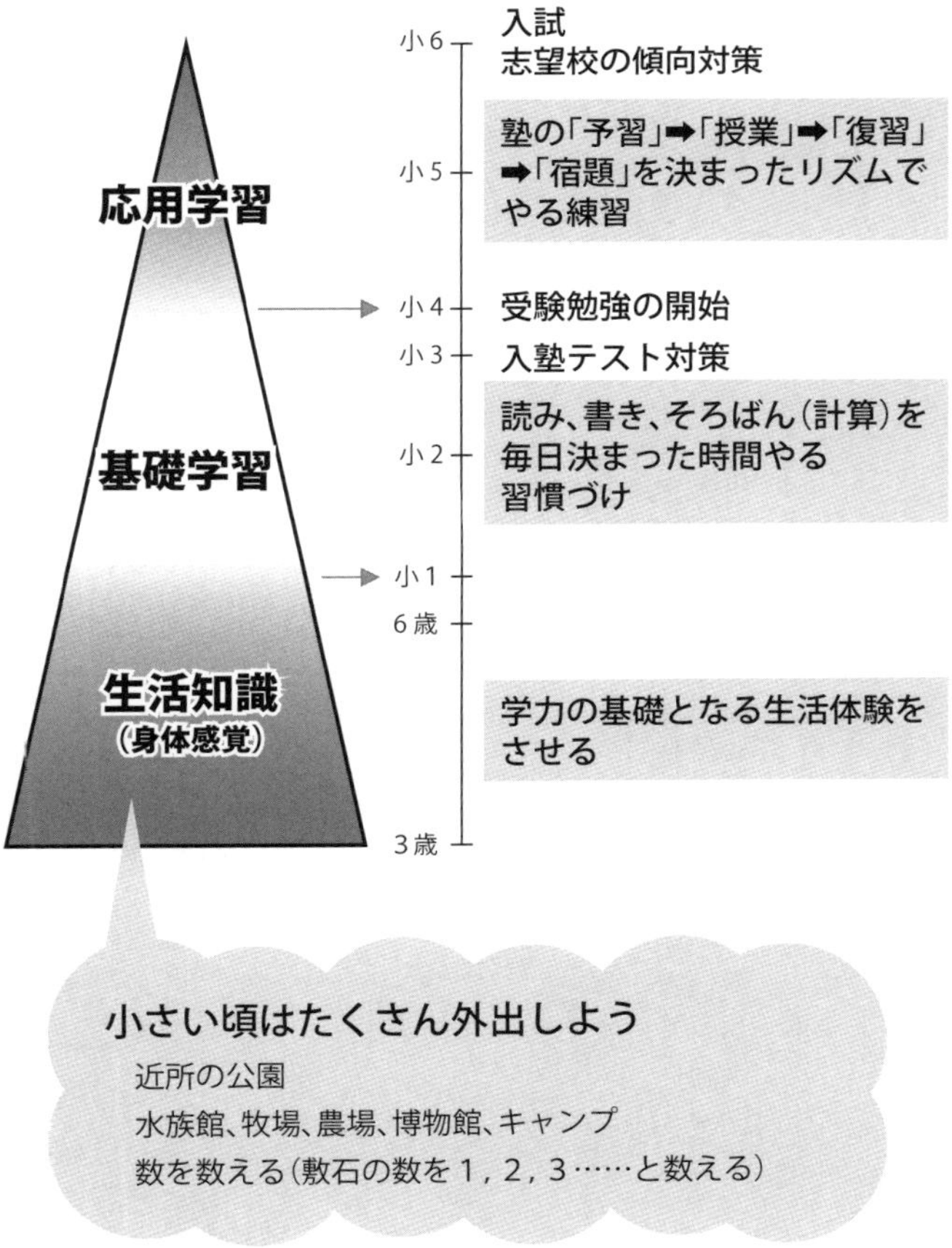

入試
志望校の傾向対策
小6
塾の「予習」➡「授業」➡「復習」➡「宿題」を決まったリズムでやる練習
小5
応用学習
小4
受験勉強の開始
小3
入塾テスト対策
読み、書き、そろばん（計算）を毎日決まった時間やる習慣づけ
小2
基礎学習
小1
6歳
生活知識
（身体感覚）
学力の基礎となる生活体験をさせる
3歳
小さい頃はたくさん外出しよう
近所の公園
水族館、牧場、農場、博物館、キャンプ
数を数える（敷石の数を1，2，3……と数える）

2

小学校入学前から低学年時にかけて気をつけるべきポイントを教えてください

✓幼児期（未就学児）

受験する、しないにかかわらず、この時期の接し方は、お子さんの将来の学力を伸ばすうえで重要です。

近所の公園、水族館、牧場、農場、博物館、キャンプなどに積極的に連れ出してあげましょう。また、積み木や折り紙、砂場などでの身体を使った遊びもオススメです。身体を使うことで、様々な感覚を鍛え、非認知能力を高めることができます。

また、数を数える練習をしたり、読み聞かせをしたり、自分で本を読ませたり、普段の会話も単語だけでなく文章で話したりすることで、将来の学力の土台となる言語能力を伸ばしましょう。

✔ 1年生〜3年生の1学期

この時期は、一人で勉強する習慣をつけることが大切です。

小学校に入学したら、学年×10分×科目数の勉強を習慣づけるようにしましょう。1年生なら、国語と算数を10分ずつ、2年生は20分ずつ……といった具合です。

この「学年×10分」の勉強は、子ども一人で静かにやる勉強を指します。誰かに管理、監督されずに、自分で自分を監督して勉強させます。

小学校低学年のうちから毎日一人で勉強する習慣をつけておけば、6年生になった時には1時間ぐらい一人で静かに勉強できるようになります。

また、計算の先取り学習をスタートさせましょう。たいてい中学受験の塾では、いちばん進度が遅い塾でも、6年生で学ぶ分数計算を5年生の4月に行うなど、1年超も先取りしています。

さらに塾では、子どもが計算できるのが当然として授業が進んでいくため、計算に慣れるための時間を取ることはほとんどありません。計算は応用問題を解くためのツールです。できるようにしておきましょう。

3年生の終わりまでに5年生の計算ができるようにするのが理想です。

「低学年のうちから受験対策塾に通わせたほうがいいのか」というご相談を受けることもありますが、塾で先取り学習をさせるよりも家で一人で勉強する習慣を身につけ、基礎的な力をつけることをオススメしています。そのほうが中学年以降、学力が伸びるからです。

✔3年生の夏休み以降

どこの塾でも3年生の2月、つまり4年生になる直前から、中学受験に向けたカリキュラムが始まるため、3年生になったら塾選びをスタートしましょう。

子どもの通える範囲内にどんな塾があるかリサーチし、通わせたい塾の目星をつけておきます。

スタート時には、できるだけ上位のクラスで入塾できれば有利です。少しでも上のクラスに入るために、3年生の秋頃から入塾テスト対策に取り組み、12~1月に実施される入塾テストに備えましょう。

専業主婦・夫のご家庭であれば、子どもにつきっきりで勉強させて、成績を上げていくことも可能ですが、共働きのご家庭では、ちょっと非現実的です。

しかし、共働きのご家庭が子どもに関われる時間が少ないというデメリットは、実はメリットと考えることもできます。

親が関わらないことが、必然的に子どもの自立・自律を促すことにつながり、それが受験勉強に向かう姿勢に自然に結びつくからです。

入塾までにちょっと我慢して勉強することができるようになっていれば、共働きのご家庭のメリットが以降の受験勉強においてさらに効果的に働くことになります。

子どもが3年生の後半になっても勉強する習慣が身についていない場合は、小さい階段（ステップ）を作って、それを少しずつ登らせましょう。

たとえば「1日10問の計算をやろうね」と低いハードルを設け、クリアしたら「10問を一生懸命やれたね。この調子だったら15問は楽勝だね。どう、増やしてみる?」という風にねぎらって褒めながら、少しずつ量を増やしていきます。この**「ちょっと頑張らせる」**→**「やろうと努力したことを認める」**→**「ねぎらったり、褒めたりする」**のサイクルを繰り返すことによって、だんだん少し我慢しながら自分で勉強できるようになります。

共働きのご家庭でも少し我慢して勉強する習慣が身についていれば、4年生以降でもどんどん成績を伸ばして難関校合格を目指すことは不可能ではありません。

3

4・5年生時に気をつけるべきポイントを教えてください

☑4年生から本格的な受験勉強がスタート

4年生（3年生の2月）からは塾に入り、受験勉強を本格的にスタートさせましょう。平日は塾に家庭学習、休日は遊び、夏休みは講習はもちろん、自由研究もしっかりと取り組みましょう。中学受験のカリキュラムが始まり、勉強が大変になりますが、地域行事やスポーツなどの時間も充実させることを考えましょう。まだまだ生活知識（身体感覚）を身につける大切な時期が続いているからです。

親御さんはできるだけ多くの学校説明会に参加したり、学校見学に行ったりして、志望校選択の材料を集めておいてください（詳細は184ページ）。

✓平日の過ごし方

4年生になると、塾のある日、ない日、休日でそれぞれ過ごし方が変わってきます。

●塾のある日

塾の授業がある日は、帰宅したあと10～20分、ミニ授業を行い、忘れないうちに記憶に定着させましょう（ミニ授業については38、146ページ参照）。

上手に説明できてもできなくても、説明が終わった後に「ちゃんと説明できたね、授業をしっかり聞いていてエライね」と褒め言葉で必ず締めてください。くれぐれも「そうじゃないでしょう」などとお母さんが説明を始めたりしないよう注意してください。

●塾のない日

塾のない日は、1・5時間も勉強できれば十分です。集中力のある4年生なら1時間ぐらいでも大丈夫でしょう。

この時間内に勉強が終わらない場合は、授業が理解できていないのか、やる気がなくてただボーッとしているか、どちらかの可能性があります。

まずはその原因を確認しましょう。原因によって対策も変わります。

塾の先生との個人面談をすぐ申し込み、対策を考えることをオススメします。仕事が忙しいとは思いますが、できるだけ早く手を打つようにしてください。

面談をしても解決策が見つからない場合は、信頼できる第三者を頼ることも必要です。また場合によっては、子どもの祖父母や近所のおじさん、おばさんなどの力も借りましょう。

共働きのご家庭が中学受験を乗り切るには、使えるものはすべて使うという意識で取り組むことです。

協力してくれる方、それぞれの役割分担を常に頭において進めることが大切です。

✓日・祝日の過ごし方

日・祝日は親子で一緒に遊んだり、何か作業をしたりという時間を設けてください。

家族団らんも1週間のうちに何回かは必要です。親子関係がギスギスすると、子どもの気持ちも安定せず、勉強に集中できなくなってしまうからです。

また、親子での様々な体験が学力の向上につながりますし、こういったゆとり時間が、6年生になってグッと勉強量が増えた時のためのバッファーになります。本人が好きならば習い事やスポーツ少年団などに参加するのもいいでしょう。

基本的には平日のうちにほとんどの勉強（学校の宿題や塾の復習）を終わらせるようにしましょう。

日・祝日の勉強は、終わらせることができなかったものを拾うようなイメージです。つまり、予備日としてください。もしくは、家族みんなが集まって「各自が好きな学習をする時間」を設けるのもオススメです。

たとえば「夜はみんなで勉強しようか」と声をかけあって、お父さん・お母さんは読書、子どもは勉強をダイニングテーブルに集まってするのです。2時間ぐらい取れれば理想的です。

はじめのうちは雑談をしていても、いつのまにか自分の興味のあることに夢中になって会話が減り、それぞれの作業に集中しているような状態が作り出せると、より素晴らしい結果を生みます。

☑夏休みの過ごし方

●夏期講習のある日

夏休みに行われる塾の夏期講習はできるだけ参加させましょう。

以前は、ほとんどの塾で復習や積み残しのフォローを中心としたカリキュラムを組んでいたのですが、最近は予習を中心としたカリキュラムになっています（N塾だけは復習中心です）。

2学期にその単元を授業で取り上げる際には「わかっている」ことを前提に授業が進んでいくので、夏期講習に出ていないと置いていかれてしまいます。

通っている塾のカリキュラムが、予習・復習、どちらであっても参加したほうがいいでしょう。

夏期講習は、4・5年生のうちは午前または午後3時間程度で終わるのが普通です。

塾がある日は、塾の授業の後に復習をするスケジュールを組むといいでしょう。

●夏期講習のない日

夏期講習がない日は、講習と同じ時間帯に家で勉強をするようにしましょう。そうすることで、生活のペースを乱さずにすみます。

夏期講習のカリキュラムが2学期の予習の場合、家での勉強は1学期の復習を中心にするといいでしょう。

学校の宿題（自由研究）もこの時間にします。

夏休みの自由研究は「受験の邪魔だ」と考える親御さんは多いようですが、むしろやり方次第では受験勉強におおいに役立ちます（144ページ）。

また、新しい大学入試（アクティブラーニング）では、これまで以上に思考力や表現力が要求されます。その力を鍛えておくためにも、この自由研究は非常に効果的です。

5年生までは休日を合わせて積極的に家族旅行に出かけることをオススメします。旅行は、普段とは違う風景を見たり、その地方特有のものに触れたりと生活知識を身につけるのに非常に有効です。

6年生になると時間を捻出することが難しくなりますので、5年生のうちにできることをしておきましょう。

夏休み明けは、1学期と同じように過ごします。

5年生の2月からは、いよいよ本格的に勉強中心の生活になります。

4

6年生時の過ごし方を教えてください

☑1学期の過ごし方

6年生は受験一色になり、家庭学習がますます重要になってきます。

平日、塾のある日は帰宅後に30分程度の振り返り学習、塾がない日は3時間程度の家庭学習が必要です。

土日も5時間ほど塾の授業がありますし、帰ってきてからも振り返り学習や、平日の遅れを取り戻すなどしなければならないことがたくさんあります。自由時間は最長2時間ほどしかないと思ってください。

また、ほとんどの大手塾では5年生で受験に必要な算数のカリキュラムを一通り終え、6年生から応用に入り、宿題がさらに増えます。

そのため、子どもたちの多くは「もう時間がない」「早くやらないといけない」と感じてあたふたし、「とりあえず解き方を覚えてしまおう」と機械的な学習をするようになってしまいます。これではよくありません。

「あたふた学習をやっているな」とお子さんを見ていて感じた時は、勉強の内容を、スピーディにやるべきものとじっくりやるべきものとに分けてあげましょう。

スピーディにやるべき学習とは計算や漢字、一行問題の練習など、じっくりやるべき学習とは応用レベルで試行錯誤が必要なもの、つまり、書いて、考えて、書いて、考えてを繰り返していくものです。

そのうえで、優先順位の高いものからやらせていきます。どのように順位をつければよいかよくわからない場合は、宿題の優先順位づけを塾の先生にお願いしましょう。

☑夏休みの過ごし方

6年生の1学期までの学習と夏からの学習とでは意味合いがまったく違います。

1学期までは、学力をつけるためのインプット学習、つまり、聞いて理解して覚えることが中心です。でも6年生の夏以降は、アウトプット学習、つまり、得点力をつけるための学習をしていくことになります。

塾の授業は、演習→解説→演習→解説の繰り返しで、その場で正解を出す力を鍛える内容にシフトしていきます。「授業内で一発正解を出してみせる」という意気込みで授業に参加することが必要です。授業に向かう集中力の違いがその後の伸びをつくります。

6年生の夏期講習には、これまでと違う気持ちで参加するよう、親御さんから話してあげてください。

家庭学習は、忘れていた知識を思い出すこと、理科・社会の暗記などを中心としたものでかまいません。

✔オプション講習の参加はよく考えて

各塾とも通常の夏期講習が終わった後やお盆時期にオプション講習を実施しています。

オプション講座は、基礎学力が身についていて（塾内テストが上位30パーセント以内）で難関～最難関中学を目指す場合は参加してもいいでしょう。

ただし、そうでない場合は、レギュラー講習の復習に注力したほうがずっと効果的です。

夏期講習の演習授業を通じて「僕は速さのダイヤグラムを使って解く問題が苦手なんだ

な」「私は立体図形の切断が苦手なんだな」とピンポイントで自分の弱点を知ることができたなら、家でじっくり復習するほうが着実に身につきます。

塾からは様々なオプション講習を勧めてくるでしょうが、勇気を出して断ることも必要だと知っておいてください。

「弱点補強講座」などと銘打たれていますが、内容は大まかな単元ごとの演習と解説授業であることがほとんどです。何度も授業で聞いてきたのに、成績に反映されない、つまり、まだ定着できていない苦手分野の授業をさらに聞いたからといって、プラスの効果はなかなか望めないでしょう。それよりも、今までのテキストの中から問題をピックアップして自分で手を動かしながらじっくりと復習する時間を作ったほうがよほど効果的です。

また、小学生の脳は大人より早く覚え、非常に早く忘れるという特徴があります。苦手分野ほど、短期記憶から長期記憶に移行させるためにも、復習をする時間をつくるようにしましょう。

✓2学期の過ごし方

6年生は1学期までは「インプット期間」、夏休みからの半年間が「アウトプット訓練期間」となります。

2学期の塾の授業は、これまでの復習が中心で、テキストの問題は、ほとんどが一度はやったことがあるものです。

それは「この大切な問題をあなたは、今、正解することができますよね？」という塾からのメッセージです。

だから授業中「これは忘れていた」と気づいた問題は、家に帰ってきた後、もしくは翌日には完全に復習を終える、という学習態度が大切になってきます。

しかし家庭学習としてはそれだけでは不足です。なぜかと言うと、志望校の傾向に合わせた学習は塾だけでは足りないからです。

そこで必要なのが、志望校の過去問題演習です。

この時期の勉強の目的は、成績を上げることではなく、志望校に合格することです。どれだけ塾の成績がよくても、入試で合格点が取れなければ意味がありません。

2学期で最も重要なのは、「過去問題をきっちり解く」ことです。

多くの受験生は最低でも五校は受験します。受験する学校の過去問題をそれぞれ5年分やろうとすると、5校×5年分×4教科＝100回。解くだけで1回1時間として100

時間。さらに間違えた問題を解き直したり振り返ったりするために必要な時間がその1・5倍、これを残りの日数で割ると、毎日かなりの時間を勉強に費やさないと終わらないということをわかっていただけるでしょう。

こんな膨大な量の過去問題をやりながら、塾の宿題も全部やろうとすると、寝る時間がなくなってしまう可能性があります。

塾の宿題は余った時間の中でわずかでもやれればいいと考えましょう。もともとこの時期の塾の宿題は全部やろうとすることに無理があります。

優先順位の一番目は過去問題の演習です。

親が「まず大切な過去問題を真っ先にやろう。そこで、時間が残ったら、塾の宿題をやろうね」と示してあげましょう。

✓弱点対策は6年生の10月までに

弱点対策、苦手な部分は10月には終わっておくようにしましょう。苦手なことを「ああ難しい」と思いながらやっている限り気分はすぐれません。メンタルは受験に少なからず影響するので、弱点対策は10月までには終わらせておくと精神的にもいいのです。

また、弱点対策をやっている期間は、弱点がうまく克服できても、4教科の合計点数が下がってしまうことがよくあります。

したがって、10月いっぱいで弱点克服を終わらせて、11月からは4教科バランス型の勉強に変え、いかに試験本番で合格点をとるか、を考えていくことが大切です。それは、10月末段階で弱点対策が不完全である場合も同じです。

✔他塾のテストも利用する

ほとんどの塾で1か月に1回は、必ず合否判定テストがあります。

自分の入っている塾の合否判定テストだけでなく、他塾の合否判定テストも他流試合として受けてみることをオススメします。

いつもの慣れた形式や言い回しとは異なるテストで、自分がどれだけ力を出すことができるのかを確認しておくことが大切だからです。

私としては、同じ日に二つの異なる学校の試験を受けることを推奨しています。大変ですが、これは一度はやっておかないといけません。

なぜなら、最近、中学の入学試験も、午前からのものと午後からのものがあるからです。午前中にある学校の試験を受け、午後に別の学校の入試に駆けつけるなど、1日に二つの学校を受験するなんてこともめずらしくなくなってきました。

大事な入試をぶっつけ本番でというわけにはいきませんから、実際に体験して、集中力が続くかどうか見極めるのです。

午前中で疲れ果ててしまい、午後の試験に集中できず成績が下がるようだったら、入試も同じ結果になるでしょうから避けたほうがいいですし、午前も午後も成績を残すことができていれば、1日2校受験してもいいことになります。

各塾の合否判定テストを上手に活用し、試験本番に備えましょう。

5

入学試験直前期（6年生の秋以降）の過ごし方を教えてください

☑11月からの直前期は体調管理が最重要

6年生の冬休み、受験直前のこの時期にいちばん大切なことは体調管理です。

頭をスッキリさせるために十分に睡眠をとるよう、寝る時間が来たらやるべき勉強がいくら残っていたとしても寝ることを優先させてください。

また運動不足が続いて体重が急激に増えてしまう子どももいます。そういう子は不思議なことに成績が停滞しがちになります。

子どもの様子は常に観察し、食べすぎと運動不足、睡眠不足に注意してあげてください。

☑モチベーションを保つ声かけをする

直前期に体調管理とあわせて大切なのが、モチベーションを保つことです。受験を控え、どうしても子どものメンタルは不安定になりがちです。励ましの声をかけて、しっかり支えてあげてください。

お母さんやお父さんも神経質になりやすい時期でもあるため、つい「そんな勉強じゃ受からないわよ」とか「もっとしっかりやらないとダメだよ」といった否定的な言葉を口にしてしまうかもしれません。

ただ、そのように言われ続けた子どもは「受からないような勉強を続けてきた僕は、きっと受からないような気がする」と思って、さらにナーバスになってしまいます。

否定的な言葉は使わず、常に肯定的な言い方で伝えるテクニックを身につけましょう。

直前期から入試当日まで、使ってほしい言葉があります。

それは、「そろそろ本気出そうか」です。

言われた子は「これまでは発揮できなかったけれど、自分にはもっともっと強い力があるんだ」という気持ちになり、これまでの勉強の状態にかかわらず、「もしかしたら、これから本気を出せば奇跡的に成績上昇するかもしれない」と感じることができます。

最後の2週間だけでも真剣に勉強できれば、合格の確率はアップしますし、子ども本人もそれまで不勉強であっても、それを棚に上げて「俺、本当に頑張って勉強してきたんだ」という気持ちで入試を迎えることもできます。

試験直前まで明るい表情で「そろそろ本気出そうか」と言い続け、当日も当然「そろそろ本気でね」と言い聞かせましょう。

✔得意な部分を重点的に復習する

入試直前は、子どものモチベーションを保ち、自信を持って試験に挑めるよう、学習内容の調整が大切です。

この時期は、合格最低点プラスアルファを確実に得点するために、苦手な部分ばかり勉強させたくなりますが、そうではなく、得意な部分の勉強を大幅に増やしていきましょう。

たとえば、算数のテストの大問1、これはたいていの学校が計算問題を数問出題しますが、ここで間違うか正解するかで、5点の差が出てしまいます。

「計算だけはもう絶対間違わない」という自信を持つことができれば、問題に落ち着いて取り組むことができ、得点源を落とさずにすむというわけです。

☑イメージトレーニングで実力を発揮する

試験で本来の実力を発揮できるよう、受験当日のイメージトレーニングも大切です。受験日の朝、どのように起きて試験会場に行って「はい、始め」と言われるまでを、できるだけリアルに細かく何度も何度も想像させるのです。

朝5時に起きた、部屋はまだ暗い、蛍光灯の明かりをつけて睡眠不足の眠い目をこすりながら下に降りて、顔を洗う、水は非常に冷たかった。お母さんと一緒に家を出た、周りはまだ暗く街灯の光がまだ明るく見えていた。電車に乗り、○○駅を過ぎる頃に東の空がぼんやりと明るくなってきた。学校のある駅に着いて、大勢の受験生や親たちが非常に静かに歩いているのが不思議だった……。

未経験のことを子ども一人で想像するのは難しいので、親子で掛け合いをしながら想像させるといいでしょう。「外は明るかったのかな？」「寒い？　それとも暖かい？」「試験会場はどんな風景かな？」など、具体的なイメージが出てくるようになるまで質問を投げかけ、イメージトレーニングをします。

直前期は、入試当日によい状態で臨むための準備期間です。親御さんも前向きな気持ちで過ごしましょう。

6

過去問題に取り組み始めるのは6年生の2学期からで大丈夫ですか？

☑直近の過去問題で最適なアウトプット力を培う

試験ではアウトプット力が問われます。

その鍵を握るのが過去問題対策です。

過去問題に取り組むのは、通常は6年生の2学期スタートでいいのですが、国語の試験問題が記述問題の字数が極端に多いなど、他校と傾向が大きく違う学校については、6年生の1学期から始めたほうがいいでしょう。

国語の試験問題はここ20年でかなり難しくなっています。ところが、市販されている問題集や塾のテキストは、約10~20年前の入試問題を参照して作られているものが多く、どうしても現在の入試問題よりやさしくなっている傾向にあります。

現在の入試問題のレベルに合わせるためには、直近の過去問題を解くのが最適です。そのために6年生の1学期あたりから取り組み始めることをオススメします。

☑合格点プラス5点を目指す

中学受験は、少なくても5校を受験するのが一般的ですから、5年分やろうとすると、5校×5年分×4教科で合計100回。一つひとつがかなり手強《てごわ》い問題がそろった100セットを解くことになります。

しかも、ただ解くだけでなく、間違った問題は解き直す必要があります。

試験に合格することが目的なので、完璧でなくてかまいません。8割すら目指す必要はありません。「ここで何点、ここで何点」と計算しながら点数を積み上げて、各教科とも合格最低点プラス5点を目標に復習しましょう。

☑傾向が変わった年度から5~10年分

過去問題を何年分やるのかは、学校によって、また教科によっても変わります。なぜなら、出題傾向が大きく変わる年があるからです。

傾向が変わってしまった場合、変わる前の傾向の問題をいくら解いても意味がありません。過去問題は傾向が変わったところからやればいいということになります。

たとえば、芝中では国語の問題が２０１５年に大きく変わりました。それまでは、すべて選択問題だったのに、記述式になったのです。であれば、２０１４年までの国語の過去問題を解いても意味がないでしょう。一方、算数や理科は、ここ20年ぐらい傾向が変わっていないので、どの年の過去問題も参考になる、というわけです。

また、麻布や女子学院のようにここ数十年まったく傾向が変わっていない学校もあります。こうした学校を受けるのであれば、算数や理科も10年分はやっておきたいところです。10年分の問題は一般では手に入りにくいですが、塾に頼めばコピーをしてくれることもあります。

問題の傾向自体はそれほど変わらなくても、難易度に揺れがある学校もあります。開成など、年によって難易度の揺れが極端な学校もあります。

そのような問題の傾向に関する情報は、塾の先生なら当然知っているはずですので、志望校の傾向について相談してみるといいでしょう。

過去問題を解いていると「これがちょっと難しくなったらこのくらいかな、ちょっとやさしくなったらこんな感じになるだろうな」というような幅を感じることができます。そういう過去問題の使い方が本当は理想的です。

✓年度の古いものから挑戦する

過去問題は、基本的には、古いものから取り組み、だんだんと新しいものに挑戦していく進め方がいいでしょう。

というのも、中学受験の全体的な傾向として、毎年、少しずつ難易度がアップしているからです。範囲は変わらないのですが、出題の仕方に工夫が加えられていき、5年前と今とを比べると少々問題が難しくなっています。

解きながら「5年前に出た問題にこんな条件が加わって、こんな難しい問題になっている」と気づくことができれば最高です。

入試問題は、「学校の顔」と言われます。それは、「このような問題に正解できる子どもに入学してほしい」というメッセージが込められているからです。「ひと言ひと言を注視できる注意力のある子」が欲しい、「面倒な問題を最後まで集中力を切らさずに解き切る持続力のある子」が欲しい、等のメッセージです。

過去問題の直しを丁寧にやることで、子ども自身がこれらのメッセージを感じ取っていきますから「早く、早く！」とせかさないようにしましょう。

7 学校見学には、いつ、どんなふうに行けばいいですか？

✓長期計画で土日を使う

志望校になる可能性のある学校の学校説明会には、できるだけ5年生になるまでに行っておきましょう。

実際に足を運ぶことによって見えてくることがたくさんあります。

学校が設定している学校説明会は春と秋に多いのですが、春と秋に2校ずつ行ったとしても、1年間に4校しか見学に行けません。すべて5年生のうちに行くのは無理です。

共働きのご家庭は使える時間（有給）に限りがありますから、長期計画で考える必要があります。

近年は2・3年生のうちから少しずつ学校見学に行って、候補をだんだん絞り、5年生になったところで2度目の学校見学に訪れる方が多いようです。

気になっている学校は何度通ってもかまいませんし、ちょっとでも関心がある学校は全部見ておきましょう。それぞれの学校で様々な個性を感じ、「この学校に行ってくれたらいいな」「うちの子にはこの学校に合いそうだな」など、まずは親の目で判断してセレクトしていきましょう。

✔子どもと一緒に行く時のポイント

学校見学に子どもを連れて行くタイミングは、ある程度、子どもの学力が見えてから、「このあたりを受けることになるんじゃないかな」と決まったくらいがいいでしょう。

学校見学の目的は、自身の学校生活をイメージさせるためです。

親が行かせたい学校は天気のいい日、親は行かせたくなくて子どもが希望している学校は天気の悪い日に行くといいでしょう。

天気のいい日に行けば、子どもはその学校にいいイメージを持ちます。逆に天気が悪い日に行くと、じめじめ暗い雰囲気だったりしてその学校にあまりよいイメージを持ちません。

また、子どもと一緒に行く時は学校見学日や説明会の日に足を運ぶのもいいですが、学校の実態を知るには、あえて普通の日に校門まで行って、下校する子どもたちに紛れ込んで歩くのがオススメです。

生徒たちの雑談を聞きながら、その生徒たちの後輩になりたいか、否かを判断させるのです。

私は以前、都内のある女子中・高の近くに住んでいたのですが、時折、道で一緒になる生徒たちの会話の内容がとても真面目で驚いたことがあります。英語の勉強の仕方について話していたり、数学の授業の内容について話していたり。「この学校の生徒は、よく勉強しているんだな」と思っていると、その学校の偏差値がどんどん上がっていきました。

逆に、現在は偏差値が高く、評判がよい学校であっても、生徒たちの服装が乱れていたり、道幅いっぱいに広がって歩いていたり、ゲームをしながら歩いていたり、という状態だと、今後問題が起きてくる可能性がある学校だとも考えられます。

子どもが試験に合格して入学するのは1年後ですが、通うのは7年後までです。中高の偏差値は数年で大きく変化します。学校によっては7年後には偏差値がかなり変わっている可能性もあります。

実際に数年間で偏差値が40ぐらいから60ぐらいに上がった学校も、反対に同じくらい下がった学校も実在します。学校の将来像も含めて、しっかり見学しましょう。

8

入試期間のスケジュールの立て方を教えてください

☑願書を出す前に管理シートでスケジュールを組む

各学校の願書は、夏頃から配布が始まります。提出時期は、試験日によって違いますが、試験日が2月1日からの学校の多くが1月25日くらいまで願書を受け付けています。千葉県など一部の学校は1月20日前後から試験が始まりますので、願書の締め切りも早く1月15日あたりまで。いずれにしても1月の中旬までに提出すると考えておけば間違いないでしょう。

子どもの成績は、夏以降もだいぶ上下します。受験校を決めるのは、願書が配布されてすぐではなく、もう少し待ったほうがいいでしょう。

ただし、願書は配布時期も限られていますし、提出日も締め切りが定められています。

そこで、少しでも気になる学校の願書配布期間、提出締め切り日はエクセルなどで一覧表にしておきましょう。もちろん手書きでもいいのですが、修正が多くなるのでデジタルで管理するほうが効率的です（働いているお母さんお父さんは得意分野ですよね）。

具体的に受験の日程を組み始めるのは、6年生の2学期10月あたりからになるでしょうが、5〜10校受験するとなるとスケジューリングがかなり大変です。

入試日、合格発表日、そして入学金支払いの期限なども同じくエクセルなどで管理しておきましょう。入学金支払いなどの期限も考慮しなければなりません。別の学校の発表をうけて手続きをしようとすると、「締切まで1時間しかない」みたいなハードスケジュールになってしまうこともめずらしくありません。

願書を出す前の段階でこの管理シートをしっかり作って計画を立てておかないと、手続きが間に合わなかったり、ムダに入学金を支払ったり、などといったことになりかねません。

しなくてはならないことをひと目で確認できるようにしておくことで、夫婦で情報共有もできますし、漏れもムダもなくなります。シンプルなものでいいので、必ず作っておきましょう。

入試期間のスケジュール

月	日	曜日	父	母	A中学校	B中学校	C中学校	D中学校	E中学校
1	9	土							
	10	日							
	11	月							
	12	火							
	13	水							
	14	木							
	15	金							
	16	土			出願締め切り（ネット出願）				
	17	日							
	18	月							
	19	火							
	20	水			試験日				
	21	木							
	22	金			合格発表 10 時（ネット）				
	23	土							
	24	日			入学手続き（15 時）25 万円				
	25	月							
	26	火				出願締め切り PM3 時（持参）			
	27	水							
	28	木							
	29	金	有休						
	30	土	休	休					
	31	日	休	休					
2	1	月	有休	有休		試験日	出願締め切り（ネット出願）		出願締め切り（ネット出願）
	2	火		有休		発表 AM10 時（掲示）	試験日　発表 PM7:30（ネット）	出願締め切り PM8 時（ネット出願）	
	3	水	有休	有休		入学手続 PM3 時 30 万円		試験日 発表 PM7 時	試験日
	4	木	有休					入学手続き PM5 時 30 万円	発表日 AM10 時（ネット）
	5	金		有休			入学手続 PM4 時 30 万円		入学手続き PM3 時 30 万円
	6	土	休	休					

注意！郵送もダメ

B・Cどちらかに合格していればE中学校に挑戦

C中学校の結果を見たらすぐに

C中学校に送った後、すぐに移動して見に行く

なんと掲示だけ

E中学校の合否に関わらず入学金は振り込む。振り込んだら書類の確認

9

入試当日は会社を休んだほうがいいですか？

✓入試前後の数日間はできるだけ会社を休むべき

試験のある日、2月1日から数日間は会社をお休みされることを強くオススメします。

さらに前後数日は、お父さんかお母さん、どちらかは自由に動ける状態にしましょう。**できることなら入試の数日前からどっと一気に有給を取得してください。**

試験期間中は、何かとしなくてはならないことがあるからです。

試験初日の2月1日は、親のどちらかが受験に付き添っていけばいいだけですが、その合否判定は翌2日の午前にあります。また、入学金の支払い時間も決まっています。でも、ちょうどその時間は、子どもは別の学校の試験中。つまり、片方の親は子どもに付き添っていて、もう片方の親は合格がわかり次第、銀行に飛んでいく必要があります。

最近は、「この学校に合格していたら、翌日はこっちの学校に挑戦してみよう」とか「この学校がダメだったら翌日はちょっと安全なほうを受けよう」と志望校を調整しながら受験をすることができます。当日、受験料だけ持って行って、その場で願書を書いて受験できる学校もあります。

結果はほとんどネットで発表され、ネット出願も増えていますが、保護者が学校に書類を取りに行かなければならないところもあります。しかも手続きを受け付けてくれる期間が短く、なかには、試験当日に合否発表、入学金の振り込みは翌日までという学校もありますから、悠長に悩んでいる暇などありません。

「受かっている学校はあるけれど、今子どもが受験している学校の合格発表を見てから、どちらに入学金を払うかを決める」などといった微妙な局面もあり、会社に行っていてはとても対応できないことがあるのです。

✔親がラストスパートをサポートして合格

共働きのご家庭だと、なかなか親子で一緒にいる時間が取れないと思いますが、だからこそ、入試直前は親が仕事を休んで、一緒にいてあげましょう。

親が家にいることで子どもの勉強のサポートができる、というメリットもあります。いちばん効果があるのは理科・社会の暗記です。集中して覚えれば、1週間だけだったら頭の中に残っているでしょう。

会社を経営しているあるお父さんは子どもの試験日の10日前から仕事を休み、「受験勉強を教えることはできないけど、社会の暗記チェックはできる」と、一問一答式で1日5時間、みっちりやってあげたそうです。おかげでその子は社会の試験でかなりよい点が取れ、合格しました。

「このようにして手伝ってあげよう」という内容と方法が具体的にイメージできる場合は、ぜひ協力してあげてください。

✓当日はどちらがついて行くべきか

試験当日、どちらが付き添うかは、お父さん、お母さんどちらと一緒にいるほうが子どもの気分が安定するかを考えて決めるのがいいでしょう。

私の経験ですが、共働きのご家庭では母親と父親との距離感があまり変わらないという子どもが多いような気がします。そういう場合は、どちらが付き添ってもいいのですが、お母さんのほうが安定感があるというか安心できる子が多いように思いますので、どちらも行ける場合はお母さんが行くといいでしょう。

受験の付き添いは、精神的にも体力的にも消耗します。

「お帰り。お疲れさま、よくやったね」と、試験で疲れたお子さんと付き添いのお母さんをねぎらうべく、お父さんが家にいてくれるといいですね。

✓忘れ物対策を忘れずに

緊張して試験当日に忘れ物をしてしまう子が意外に多くいます。

筆記用具を学校で貸してくれるところも多いですが、やはり動揺しますから余計な緊張を抱えて試験に臨むことになってしまいます。

前日の夜に持ち物を確認させ、当日の朝も確認させましょう。

そして、出かける直前にも確認させる程の慎重さを持たせてください。

忘れ物対策は念には念を入れましょう。

10

志望校合格のための学習計画の立て方を教えてください

☑学習予定は優先順位が大事

家庭学習は、やるべきことを洗い出し、優先順位をつけて取捨選択し、何をいつやるか学習計画を決めて取り組ませましょう。

ただし、どの学科に今いちばん時間をかけるべきなのか、子どもでは判断できません。子どもと一緒に、まず予定表を作り、手に取りやすい場所に置いておいてください。そして、それをスケジュールに組み入れます。たいがい書き出したことが入りきらないので、その時に、優先順位をアドバイスし、子どもにスケジュールを決めさせてください。

✓予定はすぐに訂正できるようにしておく

学習計画は、一度決めても、適宜、変更してかまいません。あくまでも「予定」ですから、自分の作った予定は自分で変更してもいいのです。

子どもにも「どんどん変更していいよ」って言ってあげてください。

「子どもに任せるとラクなほうに逃げちゃうんじゃないの?」と心配になるかもしれませんが、これが意外とそうはならないのです。行きたい学校に合格するには、勉強しなければならない。そのことは、子どもだってわかっているからです。

よくあるのは、子どもなりに精いっぱいやっても、やるべき勉強がいくつか残ってしまうパターン。そんな時は、やり残した内容は、どうしてもやらなくちゃいけないのか、とりあえずやらないでおいていいのか、相談に乗ってあげてください。

「この理科の暗記、残っちゃったの? そうかー。でもここ1週間厳しいもんねー、じゃあ、次の休みの日にちょっとやってみる?」

という感じで、一緒にスケジュールの調整を図るのです。

変更したら、予定表にも書き加え、見える場所に置いておきましょう。

☑スパンを決めて振り返りをする

学習計画は、やりっ放しではなく、必ず振り返りをしましょう。週1回か2週間に1回、もしくは塾の月例テストに合わせて振り返るといいでしょう。

振り返りのスパンが短ければ軌道修正しながら学習できます。また、月1回、月例テストがあるなら、テストが終わるたびに成績の確認をして、これまでのプランを振り返り、そのうえで次のテストのためのプランを作るようにします。この時に「ここ1か月計算練習を頑張ったから、大問1の計算が3つとも正解できたね。次は1行問題をしっかりやろうか。○○テキストの□□の部分を頑張れば効果が出そうだね」といった親御さんからのアドバイスが有効です。

注意してほしいのは、チェックが目的なのではなく「できたことの確認」をすることです。子どもをねぎらう場面になるよう心がけましょう。「こんなに多かったのによく頑張った！　半分もできてるじゃん！」など、できていることをどんどん褒めていきましょう。

オーバーアクションで褒めてあげると子どものモチベーションも上がります。手のかかる部下を育てるイメージでモチベーションアップをしていきましょう。

11 毎日のタイムスケジュールはどうしたらいいですか？

✔毎日同じ時間帯に勉強をさせる

よく「何時から何時まで勉強させれば合格しますか」と聞かれるのですが、万人に共通する理想のタイムスケジュールというのは残念ながらありません。

大切なのは、毎日同じ時間に、同じ時間分の学習を続けていくことです。

なぜ毎日同じ時間にスタートするかというと、ストレスなく勉強に入り込むためです。はじめのうちは親が「勉強の時間だよ」と声かけをしてあげたほうがいいでしょう。

朝型と夜型、どちらがいいかという質問も多いのですが、どちらでもかまいません。共働きだと朝、子どもを起こして勉強させるのは難しいかもしれません。

長時間寝る子もいるし、短時間の睡眠ですむ子もいます。それによって勉強する時間帯も変わってくるはずです。

ペースが掴めるまでは、どの時間がいいか、いろいろ試行錯誤して、スタート時間を一度決めたらなるべく動かさないほうがいいでしょう。

もちろん絶対変えてはダメということではなく、子どもの様子を見ながら臨機応変に変えてください。

✔日々のスケジュールはホワイトボードで管理

日々のスケジュール管理は、目に見える形で行うのがいいでしょう。たとえば家に1枚小さいホワイトボードを用意して、そこに予定を簡単に書いておきます。

ホワイトボードなら、予定の変更も簡単です。うまくいかなかったら消して、またちょっと書き直せばいいのです。

夏休みの日程表みたいな、円グラフとか、そういう時間割表をきれいに作ってもいいですが、メモ書きのような箇条書きでもまったく問題ありません。

日々のスケジュールは親が書いてあげるより、本人に書かせるほうがいいです。スケジュールを親子で一緒に相談して、その結果は子どもが書くのがベストです。

第7章

共働き家庭流
子どもに合った
中学校の選び方、見極め方

1

第一志望校を選ぶ基準を教えてください

☑何を目的に行かせるのか

志望校選びは、一つの基準ではなく複数の基準で判断することが大切です。

まずいちばんに考えたいのは、何を目的に子どもを私立（公立一貫・国立大附属）中学に行かせるのかです。

「将来少しでもいい大学に行かせたいから」「校風や友達関係からよい影響を受けてほしいから」などといった基準です。

「将来少しでもいい大学に行かせたい」のであれば、大学附属高校から外部の大学を受験することになった場合は附属大学への推薦が取り消されるのか、それとも、推薦はそのまま他大学を受験できるのかなど、大学受験の環境も調べておかなくてはなりません。

中学校のタイプ例〈男子〉

難関中学。最難関を除く

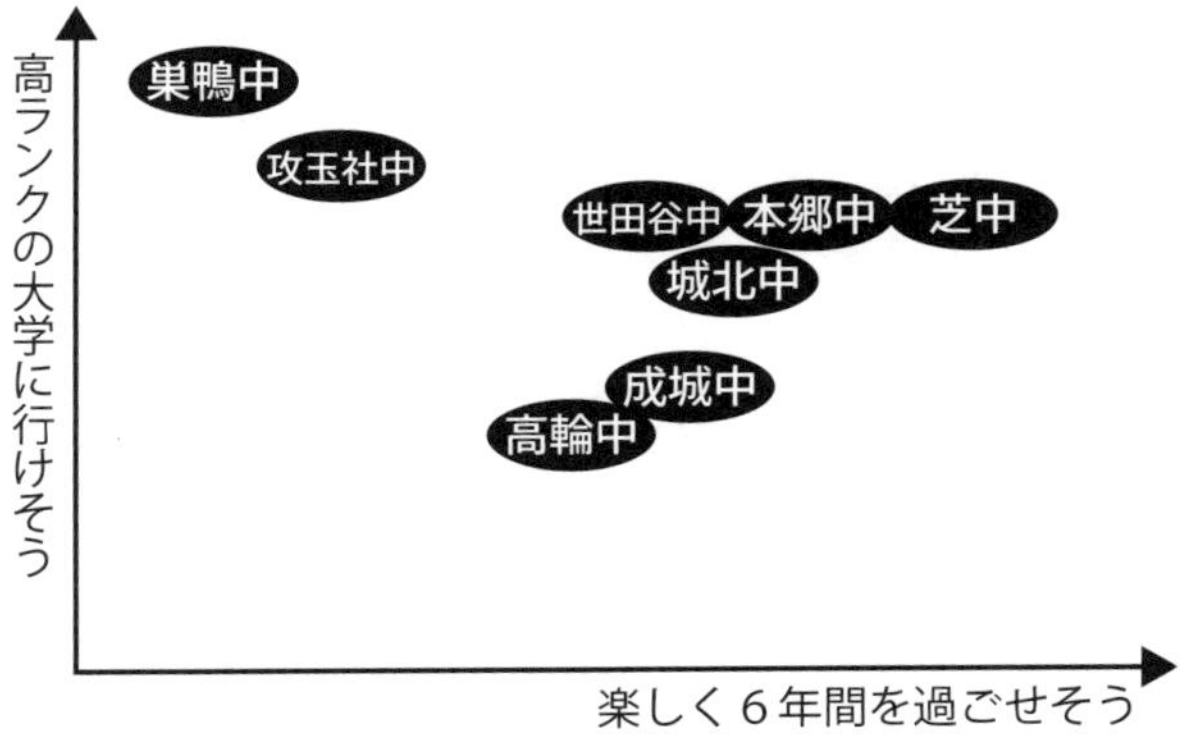

中学校のタイプ例〈女子〉

難関中学。最難関を除く

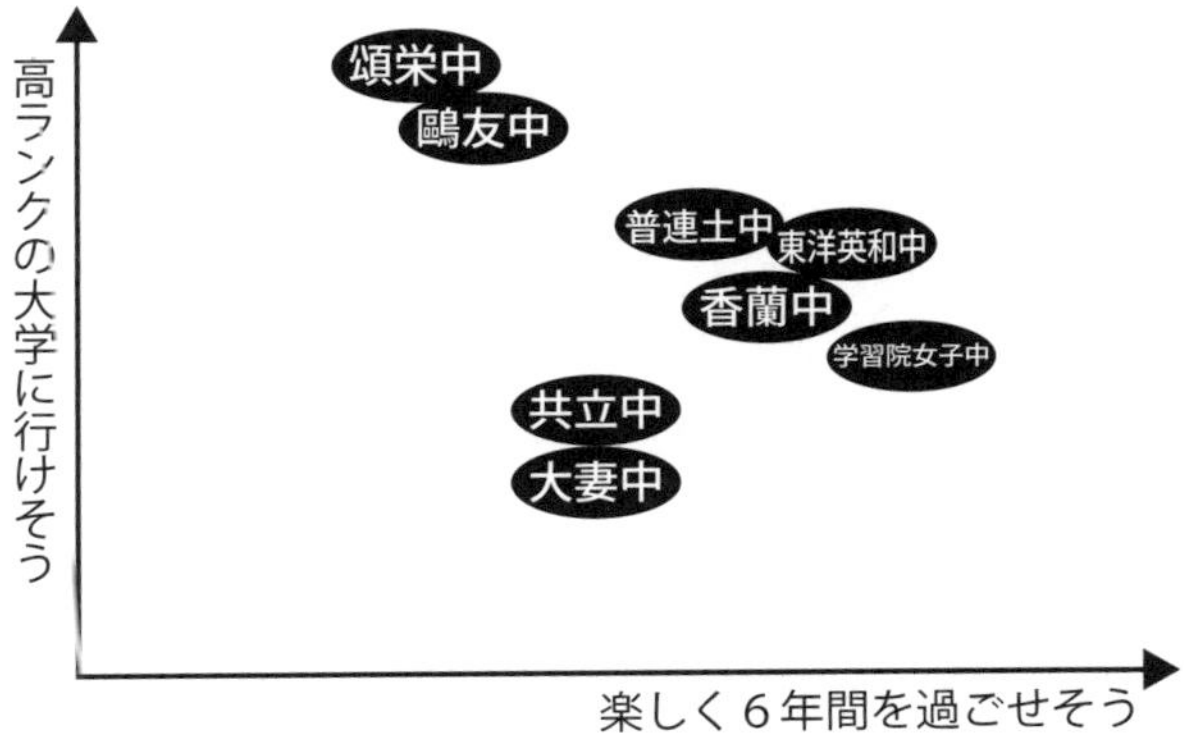

最近は推薦が取り消されない学校が増えているようですが、受験対策用の授業をしていない学校も多くあります。そういう学校に進む場合は、大学受験時に予備校に通うことが必須なので、その費用が学費以外に必要になるということです。

いい学校であっても、目的と合っていないこともありえます。しっかり確認しましょう。

☑子どもの性格や体力に合っているか

「この学校はうちの子に合っているのか？」という視点も忘れてはいけません。

子どもの性格のタイプによって合う学校、合わない学校があります。

繊細な子の場合、厳格な指導を受けると委縮してしまったり、批判的精神を持たずに「（先生の言うことは）やらなくちゃいけない」と思い込んでプレッシャーで疲れてしまう危険性があります。逆にいろいろ自分で考える子は、時にそれがいきすぎて反抗心が高まりすぎてしまうこともあります。

また、イベントが多い学校だと、体力があまりない子は疲れてしまって、勉強に集中できないなんてこともありえます。

たとえば、中学入試偏差値に比べ、大学進学実績がすばらしい〝お買い得な学校〟と評価の高いある学校では、膨大な宿題が出され、大量の演習問題が繰り返されるといった、学習型の授業が進められています。「やれ」と言われたことに素直に従っていないとついていけません。一方、「○○温泉」といわれることのある学校では、この温かい雰囲気になじみすぎて、大学受験で困ったことになってしまったという話もあります。

いずれも向上心や探求心を持っていれば、それにこたえてもらえるだけの力量のある先生方が多く在籍していますから、子どものやる気次第で上位大学への進学も十分に可能です。

✓入試問題の傾向が合っているか

入試問題の傾向も、判断軸の一つになります。

これまでやってきた勉強の種類が、その学校の入試問題の傾向に合っているか。もしくは、これまでやってきた勉強と違うタイプの問題が出る学校でも、今から学習すれば間に合うのかなどです。

たとえば麻布は、「知識の欠落は多々あるが、時にはすごい集中力を発揮する」タイプの子が合格することがあります。でもそうした子が開成を受けてもまず受かりません。開成は、オールマイティに全教科全単元に習熟している子が有利だからです。

直前半年間にできることは限られます。志望校を絞るうえでは必要な判断でしょう。

しょう。

✓海外に目が向いているか

「留学したい」「海外の大学に行きたい（行かせたい）」と考え、学校を決める方もいるでしょう。

中高生に海外留学の奨学金を支給する「トビタテ！ 留学JAPAN」の実施など、文部科学省もグローバル教育に本格的に力を入れ始めています。

多くの学校で短期留学、ホームステイ、ネイティブスピーカーによる授業、海外の大学受験に力を入れているなど、様々な取り組みをしています。

ところが、名前だけのグローバル教育実施校も少数ながらあります。どのようなグローバル教育をしているか、その中身について学校説明会でしっかり確認しましょう。

✓ライフスタイル・子育ての方針に合っているか

学校によって、親の関わり方も違います。一般的に進学校はあまり親が学校に行く機会はありませんが、大学附属の女子校などは、親が頻繁に行かなければいけません。

共働きのご家庭にとっては、結構な負担となることもありますので、学校説明会で確認しておくといいでしょう。

入試問題のタイプ例＜男子＞

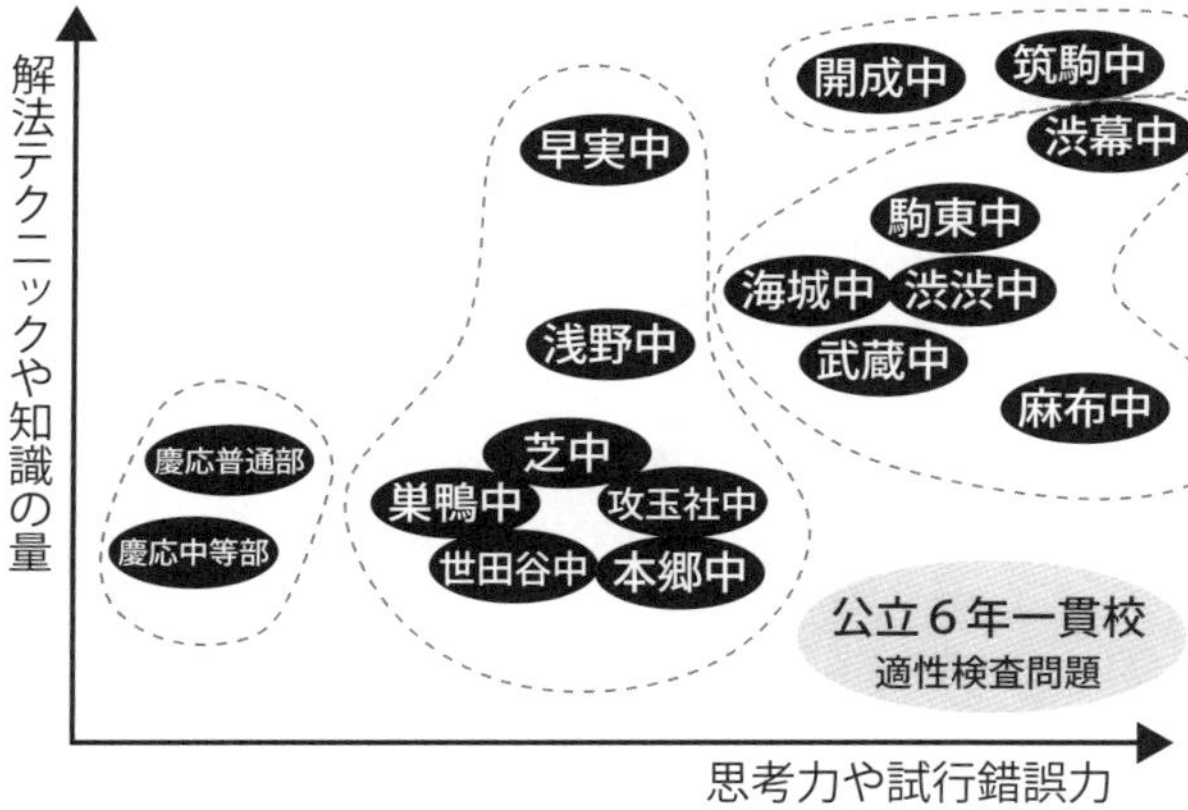

入試問題のタイプ例＜女子＞

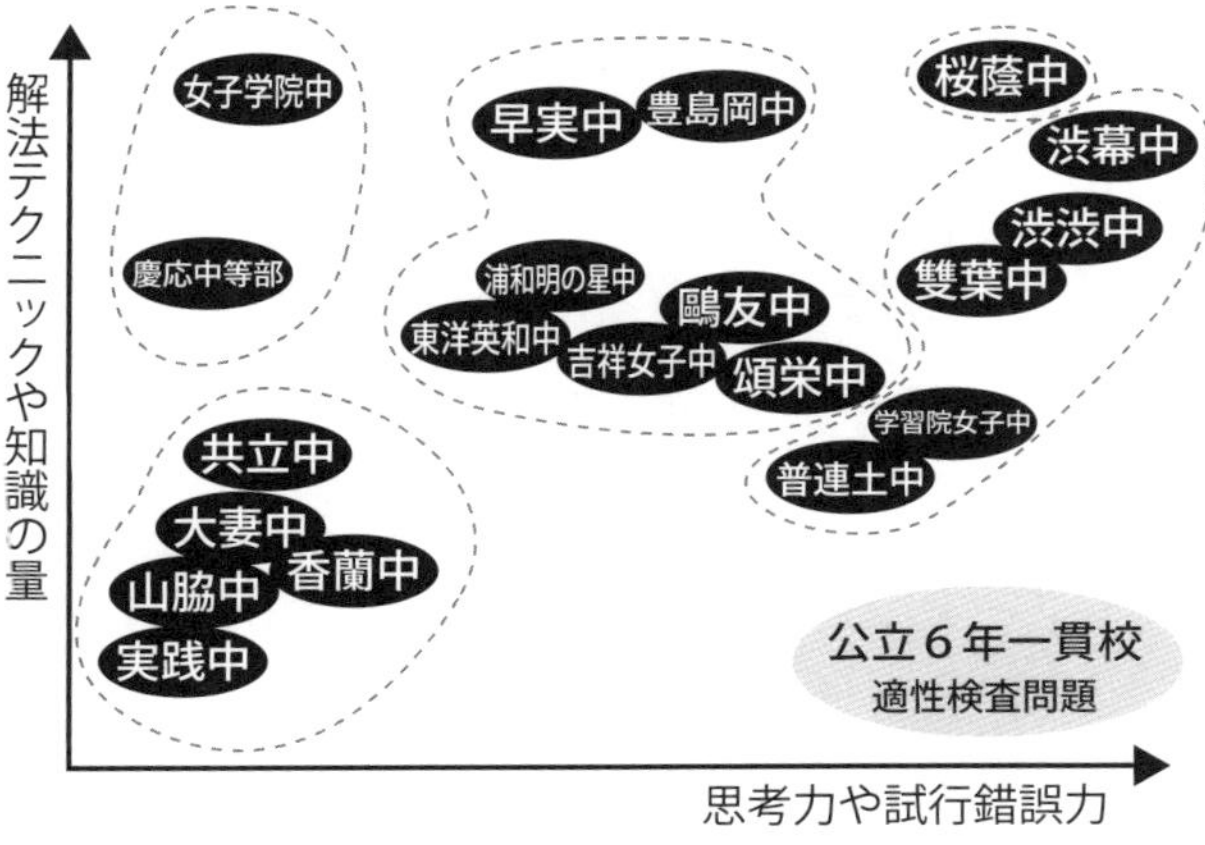

（点線の楕円）で囲んだ学校はタイプが似ている学校群を表しています

2

第一志望以外の受験校はどう決めればいいですか？

☑第一志望校以外の学校選びも大切

中学受験では、倍率がほぼ2～3倍ですから、第一志望校に合格する子どもは30～40パーセントです。**つまり、受験を経験した子どもの60～70パーセントは第一志望以外の学校に通うことになります。**

つまり、第一志望以外の学校選びもまた、とても重要であるということです。

第二、第三志望校もきちんと精査したうえで「行きたい」と思える学校だったら、たとえ第一志望校に不合格でも、「いい学校に合格できてよかったね」と、気持ちを切り替えて新生活に臨むことができます。

ちなみに、出願は10校近く、実際に受験するのは6～7校、最低でも5校が一般的です。

同じ日に試験がある2校に出願しておき、前日の試験で受かっていればA校、残念な結果だったらB校を受けるようにしておくなど、様々なパターンを想定して出願するのも一つの方法です（近年、この出願方法が増えているようです）。

出願料は1校につき2～3万円ほどかかります。なるべく効率的に志望校を選びたいところです。

✔出題傾向で絞る

第二志望以下の志望校を決める際にも、201ページの表などを参考に、中学受験をさせる目的にかなった学校の中から選んでいくことをオススメしますが、さらに効率的に受験勉強をするために、第一志望校と、出題傾向が似ている学校はどこか、という視点も大切にしてください。

たとえば、記述の多い学校を第一志望にしたら、第二志望も第三志望も記述の多い学校を選ぶほうがいいでしょう。最後の半年間は第一志望校の傾向に合わせて過去問題演習を行うため、同じ出題傾向の学校を受けないともったいないことになります。

205ページのマトリックスを参考にしながら、傾向が似ている学校を選んでください。

同じように試行錯誤力を問われる問題でも、求められる力の種類が違うこともあります。細かい傾向の違いについては、ぜひ塾の先生に相談してください。入試問題の傾向分析は、進学塾のいちばん得意とするところです。

✓偏差値の幅を取る

同じ傾向の学校をピックアップしたら、その中で偏差値を分散させて受験校を決めていきます。この時、第一志望と滑り止めの偏差値の幅は最低でも10はとってください。その間にいろいろな学校を入れていきます。

たとえば、現在の偏差値が60だったら、偏差値65の学校を第一志望にしてもかまいません。1月の1か月間だけで偏差値5ぐらいのアップは十分に可能だからです。そして、滑り止めは55か、もう少し下げて52～53の学校にしておきましょう。そうすると、挑戦をしつつ、安全も確保した受験になります。

志望校を決める時は親子そろって「家庭内ミーティング」を行ってください。その際は、お父さんかお母さんのどちらかが司会者役になって堂々巡りにならないようにしてください。

3

公立中高一貫校・国立大学附属校を第一志望にする場合、気をつけるべきことはありますか？

☑合格すれば儲けもの

公立の中高一貫校は、近頃人気が高く、年々、試験問題が難しくなっています。

適性検査問題1・2・3という形で出題され、東京の場合は、1と2はどこの学校も同じ問題、3がその学校独自の問題です。独自問題を出さない学校もあります。

1が国語社会関係、2が算数理科関係です。算数理科関係といっても、そんなに受験テクニックが必要なわけではなく、道筋を自分で立てられればわかる可能性がある問題です。それでも一般的な6年生が太刀打ちできる質・量ではありません。それ相応の学習が必要です。

3の独自問題も「温暖化を防ぐためにあなたが協力できることを書きましょう」など、

あるテーマについて三百文字程度で自分の考えをまとめる記述問題が中心です。

つまり、一般的な出題傾向の私立中学受験のために、塾で一生懸命受験勉強をしていろいろなテクニックを身につけても、それは公立一貫校の問題を解く時に必要とされる力の一部にしかすぎません。

公立一貫校に合格したいのであれば、専門の塾に変えるべきです。ですが、公立一貫校の倍率は極端に高いため、どうしても運試し的な受験になってしまいます。

桜蔭や麻布を目指して記述問題対策をこなし、すでに合格の目処が立っている子なら公立一貫校専門の塾で模擬テストを数回受けるだけで合格することもあります。

言い換えると、このレベルにまで至っていないと、倍率が高すぎるので落ちることもめずらしくないということです。

お子さんのレベルと照らし合わせて、志望校の決定、対策を決めるといいでしょう。

✔公立一貫校の受験勉強が高校受験のプラスになる

たとえ結果は不合格だったとしても、公立一貫校の適性検査問題対策をしておくことは、その子にとって大きな財産になります。

なぜなら、長い文章を時間内に読み切る力や、自分の言いたいことを文章にする力、算数と理科において原因と結果の因果関係に気づく力など、中学高校の勉強につながっていく幅広い教養を身につけることができるからです。

結果的に、地元の公立中学に行ったとしても、学力としてはかなりプラスになり、高校受験勉強の一助になります。

「受かれば儲けもの」くらいの気持ちで受験してみるのもいいでしょう。

✓学校ごとにまったく違う国立大附属

国立大の附属中学校については、学校ごとにあまりにも特徴が違うのでひとくくりにはできません。主要な学校をいくつか見てみましょう。

●学芸大附属

受かったからと言ってまったく安心できません。

高校に進む時には選抜試験があって、しかもそれがとても難しい。一般（外部）で受ける子と同じレベルの問題、最難関私立高校と同等の問題が出ますから、厳しい中学3年間を覚悟しなければいけません。よりレベルの高いところを目指すステップとして考えることもできます。

実際、中学から学芸大附属に入ったにもかかわらず、附属高校に進学するために最難関私立高校受験用の塾に通っている人は少なくありません。

●筑波大附属

試験科目に家庭科、音楽、体育、美術があります。家庭科では本返し縫い、半返し縫いの実技、音楽では小学校の教科書にある曲が流されてその譜面を選択する問題、美術では自分の手を描くデッサンしなさいといった問題が入試に出たりします。

小学校の技能教科にも手抜きをしていない子が合格できる学校です。

●筑波大附属駒場

首都圏の最難関中学です。知識型問題と試行錯誤型問題が最高レベルで融合されています。2月1日に開成または麻布を受けた子たちが大挙して3日にこの中学校を受けるという流れが続いています。

4

帰国生枠での中学受験はどうなっていますか？

☑帰国生の入試は情報戦

帰国生枠の扱いは学校によってまったく違います。

まずは学校説明会に行くなどして、志望校の情報をしっかり仕入れることが重要です。

算数と国語は一般試験に比べてすごくやさしく、その代わり英語の試験があったり、場合によっては、英語の試験だけで合否を決めるところもあります。英検３級レベルで受かる場合もあれば、本当に英語の学力がないとダメというところもあります。

たとえば神奈川県のＴ中では、公表されている帰国生枠のテスト資格は、「海外に１年以上行っていて、５年前までに帰国した者」となっていますが、英検２級を取っていれば、帰国生枠として扱ってもらえたことがあります。

また、男子進学校のS中では、海外滞在期間がなくても受けることができます。ただし、英検準1級レベルの出題です。

どの学校に帰国生枠があるかは、インターネットで「帰国生　中学校」と検索すればわかりますが、帰国生の基準は学校によって違います。厳しいところでは、帰国1年以内だけを帰国生と認める学校がある一方で、海外に行っていなくても英検2級以上があれば帰国生枠で受験できる学校もあります。

学校説明会に行けない時は、気になる学校に直接電話連絡し、資料をもらって検討するといいでしょう。学校によっては去年の問題を送ってくれるところもあります。

✔対策は専門家に相談を

帰国生枠だけで受験する場合は、情報が合否のカギです。通っている塾に詳しい情報を持っている先生がいれば、どんどん相談をして対策を立てましょう。詳しい先生がいない場合は、家庭教師または個別指導塾の先生と二人三脚で受験に臨むのがオススメです。

体験授業を試す時に「ここを受けるのですが、対応していただけますか？」「はい」という会話ですませずに「どのような対応をしていただけますか？」と聞いてみてください。

「問題のレベルとしてはこれくらいですから、算数については、このテキストを一冊仕上げるぐらいの学力を目指しましょう。国語については、素材文のレベルとしてはこのぐらい、だから、読解問題はこのテキストで、要求される語彙力はこのぐらいだからこの参考書でいきましょう」などと具体的なテキスト名が出てきたら合格です。

そうしたことが言えるのは、その先生が問題の傾向を把握しているうえに、どのようなテキストが対応しているかを熟知しているからです。

そういった情報を持っている先生に巡り合えなければ、別の先生の体験授業を受けることをオススメします。

体験授業は塾の宿題のフォローなどに活用すれば時間のムダにはなりません。この先生ならば！　という人が見つかるまで探すのもいいでしょう。

5

志望校に落ちてしまったら、どうフォローすればいいですか？

✓結果が出る前に対策を

志望校の合否にかかわらず、中学入試後、無気力になってしまう子がいます。第一志望校に落ちてやる気をなくしてしまった、第一志望校に合格したものの燃え尽きてしまったなどが理由です。

こうした子のほとんどに、「受かれば遊べるよ」などと言われ、今だけ我慢をすれば後で楽ができると思い込んで受験を乗り越えてきている傾向があります。

中学受験は、あくまで人生の通過点。

ここで無気力になってしまっては、せっかく頑張ってきたのに、その努力がムダになってしまいます。

そうならないために、試験の結果が出る前に、お子さんに伝えておいてほしいことがあります。それは、「よりレベルの高い勉強をするために、今、頑張っているんだ」ということです。

「頑張っている自分はエライ」と、努力をすること自体を楽しみ、勉強してわかる問題が増えていくことに快感を覚える、そんな状態にお子さんを導くことがいちばん大切だと思います。

✔第一志望だけ不合格の場合

第一志望が残念な結果だったとしても、第二志望、第三志望の学校に対して「この学校もよさそう」と期待感を持っている場合は、「いいところに合格できてよかったね」のひと言ですむでしょう。

難しいのが第一志望校への気持ちがあまりにも強すぎて、第二、第三志望の学校に期待を持てずにいる場合です。かなり時間をかけて、その学校のよさを説明していく必要があります。しかし、いくら説明しても心底納得することはできないでしょう。

6年間かけて「この学校でよかった」と気持ちを変えさせていくしかありません。そのためには、学校で成績をよくしていくことに尽きます。成績がよければ自己肯定感が高まり、「自分の通う学校はよい学校だ」と思えるようになってきます。

✓すべて不合格になってしまった場合

●子どもに対する励ましも役割分担で

残念ながら第二志望、第三志望以下の学校もすべて不合格になってしまう子が、全体の5分の1程度います。

不合格の知らせを受けた子どもは、泣いたり取り乱したりするでしょう。この時、親は一緒に取り乱さないことが大事です。

子どもは今の状況を悲しんでいるだけではなく、親に対して「期待に応えることができなかった」という罪悪感を強く抱いています。子ども自身の悲しみは意外に早く癒《い》えますが、親への罪悪感、申し訳なさはなかなか消えません。

それを取り除いてあげるよう親のほうから働きかけることが必要です。

お父さんは希望を持たせるように「よく頑張ったな！　残念だったけど、お前のこれまでの頑張りは、これからの勉強に生きるから大丈夫だよ」と何度も話してあげてください。

お母さんはすべてを許して包み込むように「お母さん、あなたの頑張りはよく知っているよ。いつでもあなたは私の自慢の子だよ」という話を繰り返してあげてください。

さらに、中学生活を楽しいと予感させることが大切です。

中学入試がすべて終わり、2週間ぐらいが過ぎて子どもの気持ちが少し落ち着いてから中1の基本問題集（市販本でかまわない）をやらせてみるといいでしょう。中学受験の難しい算数に比べて、中1の最初の数学は簡単です。子どもは「やさしい」と絶対感じるはずです。「これならやっていけそう」と子どもが思っているところに「やっぱりこれまで難しい勉強を頑張ってきた成果が出ているんだよ」と伝えてあげてください。

●お父さんは、お母さんに対する励ましを

不合格の結果を受けて落ち込むのは子どもだけではありません。

一緒に頑張ってきた、お父さん・お母さんも落ち込んでしまっていることでしょう。おそらくお母さんはより深く落ち込んでいるはずです。

お父さんは、落ち込んでいるお母さんを「落ちてしまってショックだね。本当にママも大変だったね、でもうちの子は大丈夫だよ！」とねぎらってあげてください。

間違っても、失敗を妻や子どものせいにしたり、親子げんかや夫婦げんか、お互いにいがみ合うようなことはしないでください。

いちばんいけないのは「だから言ったろう。私立受験なんて必要ないと言っていたのにお前がどうしてもと言うから……」という言葉です。

せっかく家族が総力戦で中学受験に取り組んできたのですから、お互いに頑張ったことを認め合ってほしいと思います。

合格してもそうでなくても、前向きに中学受験を頑張った経験がムダになることはありません。

6

中学入学直前期（6年生の春休み）にすべきことはありますか？

☑「これから本当の楽しい勉強が始まるよ」

「めでたく志望校に合格！　さあ春休みだ！」と喜んで浮かれていると入学後の勉強についていけなくなってしまう恐れがあります。

入学前の春休みの過ごし方はとても重要です。

合格したことに安心して「これまで頑張った分、これから楽できるよ」とか「これから遊べるよ」という意味のことは絶対に言ってはいけません。それを言うと子どもは気が抜けて「これからは、あまり勉強しなくていいんだ」と感じてしまいます。だからといって「これからもっと難しくなるから、今までより頑張るんだよ」と言うと、頑張ってきた子どもであればあるほど、「いつまでも続く、つらい日々」と思ってしまいます。

勉強は苦しいことばかりではなく、楽しいこともたくさんあります。「これから本当に難しい勉強が始まるよ」と言うのと「これから本当に難しいけれど楽しい勉強が始まるよ」と言うのとでは、まったくニュアンスが変わってきます。

ぜひ、これからは勉強の楽しさがもっとわかるようになるんだ、と伝えてください。そして、「頑張ればいいことがある」ということをイメージさせてあげましょう。

✓各科目の準備をする

入学予定者は合格後の説明会で学校に行き、教科書を受け取り、入学式までの課題を出されます。課題にプラスして、次のことを一通りやってから入学すると、よいスタートが切れるでしょう。

英語　ＮＨＫ基礎英語を毎日

多くの学校で「英語は学校が始まったらちゃんと教えるから、準備は特にいりません」と言われますが、これを真に受けると大変なことになる学校がたくさんあります。

進学校の場合、ほとんどの子は、アルファベットは書ける、単語もある程度わかる、文法もbe動詞の使い方ぐらいはだいたいわかっているし、挨拶も何個かは知っている、という状態で入学します。驚くことに英検2級を持っている子も多くいます。

となると、やはり、中学の入学式までには、アルファベットの大文字小文字全部にプラス、単語も100個ぐらいは書ける状態でないといけません。

入学式までに、NHKラジオの基礎英語をやっておくことをオススメします。時間の制約のないCD付きのテキストを購入すると便利です。

数学　一度すべて忘れる

中学受験の算数をやってきた子にとって、中1の数学は非常に簡単に感じます。

たとえば中1の方程式の文章題は、それまでやってきた算数を使うと暗算でサッと答えを出すことができます。しかし、数学は答えに至るプロセスが重視される教科です。答えが合っていても、途中の考え方や式がルール通りに書けていないと正解とは認められないのが数学です。そこで、算数と数学の違いを埋めていくために、「しばらく算数は忘れなさい」と言うことが必要です。

教科書をしっかり読んで、書かれている通りに式を書いて解きながら数学のルールを身につけていくことが大切です。合格が決まってから入学までの間に、中学1年生の1学期分（正負計算〈整数・小数・分数〉文字式）を、じっくりゆっくりやっておきましょう。使う問題集は学校の教科書準拠が適しています。

国語　豊かな読書体験を積ませる

受験勉強で読めなかった分、本をどんどん読ませましょう。

中学生の読書で要求されるものは論理的理解です。そのために、いわゆる「説明文」に慣れることが必要です。岩波ジュニア新書あたりから始めて大人の新書にも手を伸ばしてみることができれば、国語力を上げていくきっかけになります。

これまでの読書は得点を取る勉強でしたが、もう一度しっかり中身を理解するという勉強に立ち戻ることが必要です。「ストーリー展開が面白いだけのものはやめようね」「いろいろな種類のものを読んでみようね」と声をかけ、ちょっと背伸びをした読書体験をさせましょう。

理科・社会は、中学生で習う分野のほとんどは、実は中学受験で大幅に先取りしています。特に準備をする必要はないでしょう。

最初のテストで自分の立ち位置がわかる

子どもは入学して最初の中間テストの成績で、その学校内での自分の立ち位置を意識します。そこで上位の成績が取れれば「僕はできる子なんだ」と思えるため、その自己認識を維持しようと、自然に頑張るようになります。もし中間テストの結果が今一つだった時は、少なくとも期末テストで巻き返すようにしましょう。

そのためにも、合格後も気を抜かず、入学式までに上記を参考に予習をし、入学後も安定して勉強を続けることが大切です。

中学入学後の勉強時間の目安は、1日に1~1・5時間です。受験勉強をしていた頃に比べると半減しますが、毎日同じペースで勉強をし続ける、その習慣が大学受験の際にも大きな力となります。

7 中学入学後に共働き家庭が気をつけるべきことはありますか？

✓友達関係に注意を払う

中学受験の頃までは、共働きといっても親子一緒にいる時間も少しはありますし、子どもはまだ素直に親の言うことを聞いてくれます。

ところが中学生になると、親といる時間よりも友達といる時間のほうが長くなります。

そこで親がいちばんに気にかけてあげたいのは、子どもの交友関係です。

いい友達・悪い友達……というと差別しているようですが、子どもに影響をいちばん及ぼすのが友達です。「お互いに頑張ろうね」と励まし合って高め合える友情もあれば、逆に「お互いにサボろうね」と足を引っ張り合う関係もあるでしょう。

実際、中学生の成績が下がる時は友達関係に原因があることがいちばん多いのです。共働きのご家庭は特に、どんな友達がいるのか、子どもの交友関係に注意を払っておいてください。

✔子どもの自律（自立）は根拠のない信頼と親の在り方で決まる

親が常に願っていることは、わが子の健やかな成長でしょう。

子どもの健やかな成長、それは健康、学力と共に自律（自立）です。

学力と同時に自律心を育てることを目的とすることが、共働き家庭の受験成功のコツになると、これまでもお話ししてきました。

中学受験が終わった後、中学校の入学式までの2か月間に子どもの身体は驚くほど成長します。たった2カ月で4、5センチも身長が伸びたお子さんをこれまで何名も見てきました。受験のプレッシャーやストレスが、いかに子どもたちにとって大きかったかということです。

身体の成長と共に、自律心も急激に育ってきます。学力と子どもの自律を願って、受験勉強に併走してきた親御さんたちが子どもの成長を実感できる時期です。

「うちの子だから、大丈夫」という根拠のない信頼をより強めて自立していく子どもを頼もしく見つめていくことが、親の正しい姿勢だと思います。

おわりに

子どもがテストでよい点数を取ってきた時、反対に極端に悪い点数を取ってきた時に、親がどういう反応を示すかで、その家庭の懐の深さがわかります。

よい点数を取ってきた時に「いい点を取ってきてエライね」と褒めるのは度量の小さい家庭。点数にかかわらず「頑張っていたのがエライね」と過程を褒めることができるのが、度量の大きい家庭です。

悪い点数を取ってきた時も「なんでこんな点数取っちゃったの？　反省しなさい！」などとお説教を始める家庭は今一つです。「たくさん失敗できてよかったね。失敗の中に成功のためのヒントがたくさんあるよ。いい経験ができたね」と笑い飛ばして、学力をこれから上げていくためのプランを練りながら、子どもに「これだったらやっていけそう」と思わせることができるのが度量の大きい家庭です。

子どもの受験は、働いているお父さんやお母さんにとっても、とても大きな経験です。受験期間中は、仕事が終わって家に帰ってきても、母親業・父親業と、それも受験生を抱えるという責務を負った仕事が続くわけですから、気が休まる暇もないでしょう。

自分たちなりに、よいコミュニケーションをとろうと思って気をつけていても、子どものちょっとした反応に腹立たしくなって、過剰に叱ってしまうこともあるでしょう。

でも、それでいいのです。

理想的な親の元で理想的な子どもが育つわけではありません。理想的な親になろうと努力する過程があるからこそ、理想的な子どもができあがるのです。どんな子どもにも、ちゃんと成長していける強固なプログラムが備わっています。そう信じて、失敗しても反省して、また「ちゃんと明るく接していこう」と決意していただければ、それで十分です。お子さんも親御さんの気持ちを感じながら受験勉強に邁進できます。

中学受験の対策は、それなりの期間かかります。

だからこそ、お父さん、お母さんも「こんなに頑張っている私たちもエライ！」と、自分をねぎらう時間を持ってほしいと思います。

どんな日であっても、寝る前に鏡で自分の顔を見ながら「今日私は頑張った、私はエライ」って自分に言い聞かせてください。

中学受験は、家庭全体の総合力で乗り切るものです。

家庭の総合力をアップする機会と言ってもいいでしょう。

家族の絆が強くなり、それぞれが成長していくためのイベントだと信じて、家族みんなでチャレンジを楽しんでください。

中学受験が、ご家庭がより幸福になり、子どもが健やかに自律していくチャンスとなることを心から祈っています。

著者

著者紹介

西村則康（にしむら・のりやす）

プロ家庭教師集団　名門指導会代表

40年以上、難関中学・高校受験指導一筋のカリスマ家庭教師。日本初の「塾ソムリエ」としても活躍中。

暗記や作業だけの無味乾燥な受験学習では効果が上がらないという信念から、「なぜ」「だからどうなる」という思考の本質に最短で入り込む授業を実践している。

また、受験を通じて親子の絆を強くするためのコミュニケーション術もアドバイスする。

これまで開成中、麻布中、武蔵中、桜蔭中、女子学院中、雙葉中、灘中、洛南高附属中、東大寺学園中などの最難関校に2500人以上を合格させてきた実績を持つ。

テレビや教育雑誌、新聞でも積極的に情報発信を行っており、保護者の悩みに誠実に回答する姿勢から熱い支持を集めている。

また、中学受験情報サイト『かしこい塾の使い方』は16万人のお母さんが参考にしている。

構成　曽田照子

共働《ともばたら》き だから できる
中学受験必勝法《ちゅうがくじゅけんひっしょうほう》！

〈検印省略〉

2018年　7　月　8　日　第　1　刷発行

著　者――西村 則康（にしむら・のりやす）
発行者――佐藤 和夫

発行所――株式会社あさ出版
〒171-0022 東京都豊島区南池袋 2-9-9 第一池袋ホワイトビル 6F
電　話　03 (3983) 3225（販売）
　　　　03 (3983) 3227（編集）
F A X　03 (3983) 3226
U R L　http://www.asa21.com/
E-mail　info@asa21.com
振　替　00160-1-720619

印刷・製本　神谷印刷（株）
乱丁本・落丁本はお取替え致します。

facebook　http://www.facebook.com/asapublishing
twitter　http://twitter.com/asapublishing

ISBN978-4-86667-041-6 C0037